人生を思いどおりにできる!

人を魅了し 動かす
聞く力・話す力

How to Have a
Great Conversation;
When You Listen
When You Talk

Hiroshi Sakurai

(株)櫻井弘 話し方研究所 櫻井 弘 著

日本文芸社

人を魅了し動かす
聞く力・話す力

（株）櫻井弘 話し方研究所
櫻井 弘 著

日本文芸社

はじめに

「話し下手」な人ほど、人生が劇的に変わる

私たちは、「他人からどう見られているか」がどうしても気になります。「好感度を上げたい」「話のうまい人と思われたい」「仕事ができる人に見られたい」……など、挙げるときりがありません。

「うまく話をしよう」と考えるのは悪いことではありませんが、その気持ちが強くなりすぎると、「上手に話をしなくては」「失敗してはいけない」と緊張し、あがってしまう原因になります。

しかし、話し下手を自認する人でも、**視点をちょっと変えるだけで、劇的に話し上手になる可能性を秘めています。**

そもそも、「わかりやすく話さなければ」「きちんとし

た言葉遣《づか》いをしなきゃ」と思うのはなぜでしょうか？　おそらく、**「自分が」恥ずかしい思いをしたくないから**ではないでしょうか。

その気持ちを「相手のため」という視点に切り替えてみましょう。つまり、「相手のため」に「わかりやすく話そう」、「相手への敬意を伝えるため」に「きちんとした言葉遣いをしよう」と考えてみるのです。

話術や話題の豊富さなど、「話し上手」になる条件はほかにもありますが、**人と会話する際に最も大切なのが、「言葉遣いは心遣い」であるという認識です**。

心遣いとは、「相手の心や気持ちを思いやる」ことです。会話の相手が今、「何を聞きたいのか」あるいは「何を話したがっているのか」、相手の心に寄り添うと、その場に必要な言葉がより明確になります。

心遣いができる人は相手の気分をよくさせ、信頼や好感を得られます。それらが良好な人間関係へとつながっていき、ますます会話がはずむというスパイラルが生まれるのです。

もし、自分の考えや気持ちが相手にうまく伝わらないときは、「相手が理解力に欠けている」などと相手のせいにせず、「自分が言葉足らずだったのではないだろうか」ととらえてみましょう。そうすれば、「どうすれば相手に伝えることができるだろうか？」と伝わるスキルを開拓する気持ちも生まれます。

はたまた、自分の言葉足らずのせいで相手に誤解や疑問を与えてしまったときは、その場ですぐに誤解の芽を摘むことです。

会話の途中で、相手の様子が変だなと思ったら勇気を出して、「何か失礼なことを言いましたでしょうか？」「何か

誤解を招くような発言をしてしまったでしょうか？」と聞いてみましょう。時間が経つと解決しにくいことも、早いうちならまだ取り返しがつきます。

意志疎通を諦めず、積極的に、相手に伝わるように工夫をしていく習慣をつけることが、いい会話を生み出す最大のメソッドなのです。

本書で紹介しているさまざまな聞き方・話し方のテクニックを、ぜひ、あなたの目の前にいる「会話相手のために」活用してみてください。そうすることで、あなた自身の説得力や雑談力、すべてのコミュニケーション力が上がります。仕事もプライベートの人間関係も、もっとよくなっていくことでしょう。

櫻井 弘

Contents

Chapter 2

たった5つのレッスンで「聞く力」をつける！

Chapter 3
たった5つのレッスンで「話す力」をつける！

Chapter 4

覚えておきたい！ ビジネス会話の基本

Chapter 5

仕事がうまくいく！ 聞き方・話し方

Chapter 6

人間関係がうまくいく! 聞き方・話し方

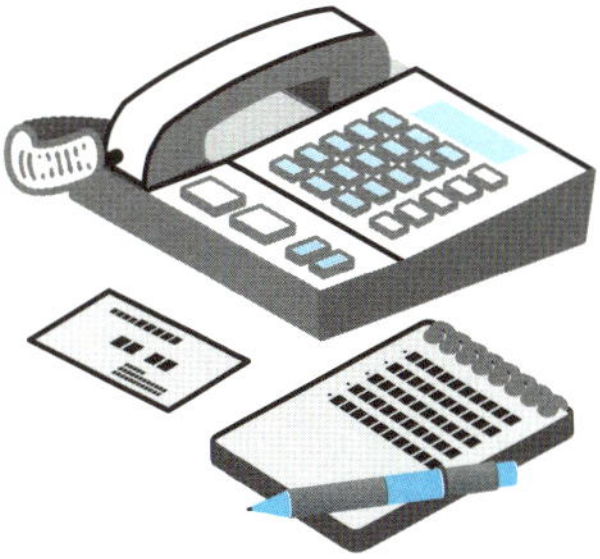

Staff

カバー・本文デザイン：瀬川卓司(Killigraph)

イラスト：白鳥みちこ

制作協力：オメガ社、小坂美樹衣、三宅智佳

Chapter 1

Basics of Communication

聞く・話すが上手になると、人生がうまくいく

誰でも聞き上手・話し上手になれる

生まれつきの「話し上手」はいない

最近は、話すことに自信が持てなくなっている人も多いと聞きます。

近年では、EメールやSNSなど、対面しないでも人とのつながりを感じられます。人と会って話すのは「気を遣うから億劫《おっくう》」と感じたり、「どうせ話しても誰にも理解してもらえない……」と、消極的になる人もいるかもしれません。

しかし、そうした悩みを持ちながらも、「自分が伝えたいことを相手にわかってほしい」「相手との会話をはずませたい」「会話上手になりたい」と感じているからこそ、本書を手に取ってくださったのだと思います。

「話し下手《べた》」を自覚している人は、「話し上手」は生まれつきの才能だと思っているかもしれませんが、最初から「話し上手」な人などいません。誰もが、テクニッ

経験を積めば誰でも話し上手になれる

クを身につけて経験を積むことで、上達していくのです。

「話し上手」の第一歩は相手への気配り

言葉遣いや敬語など表面的な失敗を恐れるあまり、人と話をすること自体に消極的になっていませんか？

私たちは、正しい敬語や言葉遣いができたり、立て板に水のごとくすらすらと話をする人のことを「話し上手」と思ってしまいがちです。

しかし、会話における核心は、つねに「相手のことを考える」ということ。

すなわち、会話の相手は「今、何を聞きたいのか」「どうしてほしいのか」、相手の気持ちを思いやることなのです。

「あの言葉遣いは間違っていたのではないか」「こんな場合はこういう風に言ったほうがよいのではないか」など、細部にこだわってしまう人が多いのですが、実際の会話では、ひとつひとつの言葉遣いをじっくり検討しているひまはありません。

たとえ言葉遣いを間違えても、相手にいやな思いをさせない気持ちを第一に、失礼があったらすぐに詫びるなど行動に移すこと。左で詳しくご紹介していますが、会話では「3つのコ」を大切にしましょう。

「言葉に、心をのせて、行動する」ことで相手の信頼や好感を得られます。それらが良好な人間関係へとつながっていき、会話がはずむという、いいスパイラルが生まれるのです。

ベクトルを「自分」から「相手」に向けることで、聞き上手・話し上手の道が大きく開けてきますよ。

POINT

会話上手になる3つの「コ」

言葉《コトバ》（Skill）

相手が理解しやすい言葉を選ぶ、ふさわしい敬語表現を使うなど、相手の反応に応じた表現をすること

心《ココロ》（Mind）

相手の気持ちを読み、今、何を聞きたいor話したいのかを察すること。相手に対して恥をかかせないなど、尊重する気持ちを持つこと

行動《コウドウ》（Action）

積極的にコミュニケーションを取ろうとすること、反対意見にあっても粘り強く対話を重ねること

「言葉に、心をのせて、行動する」ことを意識しよう

「言わなくてもわかってくれる」は誤解のもと

会話は「話し手」も「聞き手」も平等に責任を負う

一方通行ではなく、話し手と聞き手の双方が理解し合えてこそ、コミュニケーションは成り立ちます。

自分では意志を伝えたつもりでいても、往々にして相手には伝わっていなかったということがあります。これは、話し手側の説明不足と同時に、聞き手側の確認不足から生じるものです。

会話では、話し手は、どのような理由からその話(または質問)をするのかということを明確にし、聞き手も、なぜその話(または質問)をされたのか、確認し合うことが求められます。「聞き手」も「話し手」も、意思疎通の責任を平等に負っているのですね。

POINT

「話し手」と「聞き手」それぞれの責任

相手に不安・不信を抱かせないように説明を補う

疑問に感じたら、相手に聞く(確認する)

「話を始めてから」がコミュニケーションのスタート

「表現型」と「察し型」を使い分ける

日本人どうしの会話では、昔から曖昧《あいまい》な表現が好まれてきました。「全部言わなくても察してくれるでしょう」「言わなくてもわかってくれるはず」と、俗に「阿吽《あうん》の呼吸」とも言われる文化があり、相手に対して言葉足らずになってしまいがちです。こうした「察し型」文化は日本人の特徴です。

一方、欧米における会話は、「言葉に表された」ことが「真実」です。言い換えると、相手に伝えるべきことはすべて言葉にして表す「表現型」コミュニケーションが主流。「察し型」とは正反対の表現法です。

どちらがいいと言うのではありませんが、国際化・情報化が進む現代社会では、「内容を正確に相手に伝え、納得してもらう」ことが求められています。

かといって、日本人どうしの会話であまりにも極端に「表現型」に走ると、人間関係がぎくしゃくすることもあります。

「あら奥様、どちらまで?」「ちょっとそこまで」「そうですか、どうぞお気をつ

けて」――ご近所でよく聞かれる会話ですが、この場合、「ちょっとそこまでって、どちらまでですか？」と、具体的な行き先まで突っ込んで聞くことはあまりないでしょう。

あいさつ代わりの言葉で相手と会話をしつつ、先方が言わない限りこちらからは踏み込んで聞かないのが、相手とほどよい距離感を保つコツでもあったのです。

世の中は、何事もバランス感覚が大事です。相手や状況によって、「察し型」と「表現型」をフレキシブルに使い分けられるとよいですね。

会話は「相手」がいてこそ

会話の基本は「言葉のキャッチボール」

よく、「会話は言葉のキャッチボール」と言われます。キャッチボールをするには、相手が必要で、相手がキャッチしやすいところにボールを投げないと続きません。

会話をしていて、「いまひとつ話が盛り上がらない」「自分が伝えたいことを相手に理解してもらえない」といった声を聞きますが、ボールを「言葉」に置き換えて考えてみましょう。相手がキャッチしやすいボールとは、相手がわかりやすい言葉（内容や表現）ということになります。

相手の反応を観察する

たとえば会議で企画を提案するとき、「どこから見てもスキがない」と自信を持って立てた企画などは、つい自信満々に話をしてしまいます。けれども、いくら現実的で合理性があり、前向きなよい企画でも、なぜか上司の受けが悪く、「悪くはないんだけど……」のひと言で却下されてしまう。こうした経験がある人もいるのではないでしょうか。

人はしばしば「自分がいかに論理的に正しくいるか」ばかりに囚《とら》われてしまい、「それを聞いた相手がどう受け取るか、どういう感情になるか」に目が向かないものです。自分が何を話そうか、どう話そうかということで精いっぱいで、相手がどう感じているか、自分の伝えたいことを理解しているかということまで考えが及ばないのが実態なのです。

しかし、先ほどお伝えしたように、会話はキャッチボールです。もしかしたら上司は、あなたがひとりで企画書を作るのではなく、自分の意見を取り入れてほしかったのかもしれません。

自分の伝えたいことを通すためには、相手がキャッチしやすい言葉を投げる必要があります。そのためには、相手の反応を観察することも欠かせません。

相手の反応を見ながら会話を進めていくうえで、知っておきたい方法がふたつあります。

①アイ・コンタクト

相手が自分の話に興味を持って聞いているかどうかは、相手の目を見ればわかります。

シャイな性格で相手と目を合わせられないという人がいますが、「アイ・コンタクト」を取らずにいると、相手の反応がわからないまま一方的にしゃべり続けてしまう場合があります。これでは、相手が自分の話をどう感じているか、察知できません。

「アイ・コンタクト」で相手の反応を察知する

会話には「間」が必要

② ときどき「間」を取る

自分が話すことに一所懸命になって相手に口を開かせない人や、沈黙が怖くてしゃべるのを止められないという人がいます。これもまた、双方向の「会話」とは言えません。

区切り区切りでいったん口を閉じ、ひと呼吸ついてみましょう。そのときの相手の表情から、自分の話にどんな感情を持っているかがわかります。

このように、相手の様子を観察することは、双方向の会話を生むために必要なテクニックなのです。

会話に自信がつく5つの「マジック・フレーズ」

言い回しの印象が変わり相手に好印象を与える

先日、電車の中でこんな光景を目にしました。優先席付近に立っている男性に電話がかかってきました。その人は電話に出て、周囲をはばかることなく話し始めたのです。男性の前に座っていた年配の女性は、男性がなかなか電話を切ろうとしないので、静かな口調でこう言いました。

「お話し中に恐れ入ります。ここは優先席ですし、お電話するならほかの場所でお願いできますか」

男性はあわてて電話を切り、「どうもすみませんでした」と謝りました。

じつは、この数日前にも同じような光景に出くわしました。そのときは、大学生らしき女性が優先席に座ったまま電話をしていました。あとから電車に乗ってきたおじいさんが、「ちょっと、ここは優先席ですよ。電話をするなら電車を降りてからしなさい！」と命令口調で注意をしたのです。

言われた女性はしぶしぶ電話を切りましたが、おじいさんをにらみつけていました。

ふたつの話を比べて、あなたはどう思いましたか？　優先席で通話をするのはマナー違反です。それを指摘している年配の女性もおじいさんも、言っていることは同じなのですが、言い方がずいぶん違いますね。

後者のおじいさんは正論を述べているのですが、押しつけの言葉になっています。人は感情の生き物なので、押しつけられることを嫌います。

一方、前者の年配の女性は忠告の前に、「恐れ入ります」という言葉を発することで、相手に不快感を与えることなく、自分の意見をスムーズに伝えることに成功しています。

ここでの「恐れ入ります」のような言葉を「マジック・フレーズ」と言います。伝えたい言葉の前後につけ加えることによって言い回しが優しく聞こえ、会話をスムーズにしたり、言いにくい内容を伝えやすくする効果があるのです。話し方に自信がない人は、ぜひ、会話で積極的に使ってみてください。

マジック・フレーズは、左にご紹介するように5種類あります。いずれも「先手（相手より先に、話の最初に）」で使うことがポイントです。

たとえば「お詫びの言葉」を先手で使えば、謝罪の気持ちが相手に伝わりやすくなります。また、その後の話も、ミスの原因や解決法、今後の展望などプラス方向の内容に持っていきやすくなります。もしお詫びを後手で使ったとしたら、相手には「しぶしぶ非を認めた」という印象を与えてしまうかもしれません。

同じ「お詫び言葉」でも、意識的に先手で言うか、無意識に後手に回って相手にイニシアティブを握られるかと、大きな違いが出てしまいます。

POINT

相手に好印象を与えるマジック・フレーズ

1 お詫び言葉

「ごめんなさい」「申し訳ありません」など

話の頭に使うとその後の話を受け入れてもらいやすい。相手に負担や迷惑をかけたときはとくに意識して先手で使う

2 感謝の言葉

「ありがとうございます」「お世話になります」など

理由を添えて使うと相手に感謝の気持ちが伝わりやすいし、感謝されて怒り出す人はいない

3 接客用語

「恐れ入ります」「お手数おかけします」「失礼ですが…」など

話しかける最初の言葉になることが多いので、丁寧にゆっくりと。きちんと使えれば、一人前の社会人の証

4 あいさつ言葉

「おはようございます」「こんにちは」「こんばんは」など

どんな場面でも、相手を認識する第一歩になり、相手との関係を良好にするのがあいさつ。相手の目を見て明るくさわやかに

5 返事の「はい」

「はい、わかりました」「はい、かしこまりました」など

話しかけた相手への反応を示す。打てば響くような明るい返事で

「プラス言葉」で明るい会話に

言葉に出すことで、考え方も肯定的に

言葉というのは不思議なもので、言い回しによって、相手に与える印象が大きく変わります。会話の内容が同じでも、ネガティブな言葉を使うとネガティブな気持ちが、ポジティブな言葉を使えばポジティブな気持ちが伝わります。

話し手が自分のマイナスポイントを述べてもそれに同調せず、肯定的な言葉で返してあげると、「なるほど、そういう見方もできるのか」とうれしい気持ちになるものです。たとえば、話し手が、「私は仕事が遅くて、いつも周囲に迷惑をかけてしまうんです」と言ったとしましょう。そんなときに、**「そうですか。きっと丁寧に仕事をされているのですね」**という具合に言葉を返すのです。

世の中には、つねにネガティブな言い方をする人がいますが、ネガティブな言い

～は間違ってる！
絶対に～に決まってる
～できない
～しかない

ネガティブな言い方は場の雰囲気を暗くしてしまう

方が口ぐせになっている人は思考回路までネガティブになり、会話の相手を不愉快にさせてしまったり、周囲の雰囲気を暗くしてしまいがちです。これでは職場でもプライベートでも、いい人間関係が築けるわけがありません。

同じ言葉を使うなら、自分も相手も周囲も明るい気持ちになれる「プラス言葉」を使いましょう。

その際のポイントは2点あります。

ひとつめは、「相手の立場で考える」こと、言い換えれば、相手への心遣いです。

もし、相手の発言に納得できなく

ても、「そんなことはない」と即座に否定してしまったら、相手だって反論したくもなります。そのようなときは、「そうだね。もしかしたら、ありうるかも」と言えば、相手にとっては「たとえ反対意見であっても、いったんは受け入れてもらえた」ことがわかってうれしくなるでしょう。

また、プラス言葉を口にすることで、自分にとっても「言葉に出すことによって肯定的な考え方も視野に入る」という、気持ちの変化が出てきます。肯定的なものの見方ができるようになって可能性の幅も広がり、よい循環が生まれます。

もうひとつのポイントは、「マイナス言葉を言わないようにしなければ」と無理に考えないことです。「～しなければ」と義務のように考えると、会話に詰まってしまったり、プラス言葉にうまく変換できず、緊張してしまいます。それよりは、日常で「プラス言葉をたくさん使っていこう」と考えることで、少しずつ身についていくでしょう。

POINT

プラス言葉に言い換えよう

マイナス言葉	プラス言葉
「～は間違っている」 例「その考え方は間違ってる！」	「～とも考えられるね」 例「そうとも考えられるね」
「絶対～に決まってる」 例「絶対失敗するに決まってる！」	「～と決まったわけじゃないけれど……」 例「失敗すると決まったわけじゃないけど、○○の部分（具体的な問題点）はどうする？」「～と考えたらできるかな？」
「～しないでください」 例「ここでタバコを吸わないでください」	「～するなら～ならできます」 例「あちらでしたら、タバコが吸えます」
「～できません」 例「今日中に仕上げることはできません」	「～ならできます」 例「明日ならできます」
「～しかない」 例「もう1時間しかない」	「～もある」 例「あと1時間もあるよ」
「～でいいです」 例「コーヒーでいいです」	「～がいいです」 例「コーヒーがいいです（コーヒーをお願いします）」

006 いい「聞き方」「話し方」を習慣にするには？

「相手に言いたいことが伝わらない」と感じたら

前々項や前項では、相手に好印象を与え、会話をスムーズにする「マジック・フレーズ」や「プラス言葉」をご紹介しました。

「いい会話」をするには、テクニックを覚え、スキルを磨くことが必要ですが、それ以前に、言葉を操《あやつ》る人の「ものの見方」や「考え方」が大きく関わってきます。

たとえば、自分の考えや気持ちが相手にうまく伝わらないときは、「相手が理解力に欠けている」など、相手のせいにしていませんか？　それよりは、「言葉足らずだったのではないだろうか」「別の言い方なら伝わるだろうか」と考えることで、あなた自身の話し方の対応の幅が広がり、スキルが磨かれていきます。

もしあなたが、「相手に自分の話が伝わらない」と感じることが多いようなら、次のフレーズを口ぐせにしてみてはいかがでしょうか？

「別の言い方をすると～」
↓表現を変えることで伝わりやすく

「何かにたとえてみると～」
↓言いたいことをより具体的にする

「逆に言えば～」
↓視点を変えて話すことで、相手を納得させる

相手に伝わるように工夫をしていく習慣をつけることが、いい会話を生み出す最良の方法です。

言い方を変えると、言いたいことが相手に伝わる

「続けること」がコミュニケーション上手の近道

テクニックを学んだからといって、誰でもいい「話し方」や「聞き方」が習得できるわけではありません。習得するためには、身につけたスキルを「習慣化する」ことが重要です。

習慣というのは、朝起きて洗顔をしたり歯を磨いたりするのがそうであるように、「空気を吸うように自然にできること」であり、それをしないと「何かを忘れているようで落ち着かない」ものです。朝の洗顔や歯磨きは、数十年毎日のように行っていることなので、すでに習慣化されていますが、新しく学んだものを習慣化するには、それなりのトレーニングが必要です。

習慣化のコツは、ひとつのことを少なくとも1カ月は続けること。たとえば私は最近、「1日1万歩、歩く」ことを習慣にしていますが、やはり1カ月続けると、その後たとえ雨が降っていようと歩くこと、つまり今までの習慣が優先するようになります。

1カ月続けると、「いい話し方」が習慣になる

本書でも、「聞き方」「話し方」のさまざまなテクニックをご紹介しますが、ぜひそれらを習慣にして、自分の身につけてください。「できそう」と思ったものや「これは苦手」と感じているものなど、ひとつずつで結構です。

たとえば、「今月は、プラス言葉をたくさん言えるように意識しよう」と、時期を区切って目標を設定したり、「マジック・フレーズを家庭でも使うようにして、身につけてみよう」など と、自分自身で「決まり」を作ることがコツです。日常でできることから少しずつ積み重ねていきましょう。

Advice

語呂合わせで覚える会話のコツ 01

話す力を身につける三原則「か・い・わ」

相手に誤解を招かず、よりスムーズに伝える「表現方法」が、「か・い・わ」です。ポイントを押さえて、ぜひ実践してみてください。

か

簡潔に話す

核となるキーワードを使ったり、「、」や「。」を増やすことを意識して、メリハリのある簡潔な話し方を。「結論先行」で話すことも、誤解や行き違いを防ぎます。

い

印象深く話す

色や形、音など、臨場感のある話し方は、相手の心により響きます。また、「熱意が人を動かす」というように、気持ちをこめて話す心がけも大切です。

わ

わかりやすく話す

「原因と結果」「全体と部分」という具合に話を分けたり、具体的に話すことは、相手の理解を深めます。相手の目線で話すことも、話し上手への近道。

Chapter 2

Follow a Talk

たった5つのレッスンで「聞く力」をつける！

Follow a Talk 001

まずは「よい聞き手」になろう

最後まで話を聞き、共感してもらえる喜び

昔から「話し上手な人は聞き上手」と言われていますが、いくら話題が豊富で話の面白い人でも、自分のことばかりを一方的に話しているだけでは、一方通行の会話になってしまいます。

Chapter1でお伝えしたように、「会話」とは「コミュニケーション」です。いいコミュニケーションを取る秘訣は、「よい聞き手」になることです。

そのことに気づいたのは、私がまだ、会社勤めをしていたときでした。営業職だった私は、社内でのコミュニケーションが思い通りにならず、胃が痛くなる毎日を送っていました。

ある日、上司から飲みに行こうと誘われた私は、ここぞとばかりに愚痴《ぐち》をぶ

ちまけたのです。その上司はとてもおっとりとした人柄で、私が激しい口調でしゃべり続けたにもかかわらず、うなずきながら黙って聞いていました。

そして、私がすべて吐き出し終えたことがわかると、ふっと表情を崩し、目を細くして、「それだけ一所懸命に取り組んでいる証拠だね。かわいいな、櫻井さん」とつぶやいたのです。

「自分のことをわかってもらえた」と思えたその瞬間、私は今までの不満やイライラから解放された気がしました。自分の言い分を最後まで聞いてもらい、受け止め、共感してもらえ

会話上手の第一歩は「よい聞き手」になること

た……。このことが、どれだけ素晴らしい効果をもたらすかを、身をもって体験した出来事でした。

話の途中で茶々を入れたりさえぎったりせずに、その人の話を最後まできちんと聞き、受け止めて共感する。ただそれだけのことですが、相手の話にじっくり耳を傾けなければ、その人が、どんな言葉を返してほしいのかは理解できません。コミュニケーション上手の第一歩は、「よい聞き手」になることです。

3つの「きく」を使い分けよう

「きく」には、3つの種類があるのをご存じですか？　「聞く」「聴く」「訊く」の3つです。

ひとつめの「聞く」は、意識せずなんとなく聞く、という感じの聞き方です。漢字に門構えがつくように、「ガード」して話を聞くのが特徴です。自分に都合がよいことは「聞く」けれど、都合が悪いことや自分と違う意見に対しては「聞かない」という、ばらついた聞き方になりがちです。

それに対してふたつめの「聴く」は、耳をじっと傾ける、という聞き方。相手のしぐさや表情も読み取るなどして、真剣に話を聞くときに使います。「聴」という漢字が表しているように、「耳」を大きくする「＋（プラス）」「目」と「心」で「聴く」という、集中して、なおかつ相手の心の面にも意識を傾けて聴くのが特徴です。

3つめの「訊く」は、自分の疑問点や知りたい情報を、さらに明確にしたいときの「きき方」です。この訊き方は、言遍《ごんべん》が入っているように、「口」で訊くことが特徴です。不明点を質問したり、意味やポイントとなることを確認し、話をさらに掘り下げたり広がりを持たせることができます。

あなたが聞き手の立場にあるとき、たんに話を「聞く」のか、相手の気持ちに沿って「聴く」のか、それとも、答えを導き出すために「訊く」のか、その場に応じた「きき方」ができるのも、「よい聞き手」の条件のひとつです。

やってはいけない聞き方

これまで、「よい聞き手」になるためには、どのような姿勢が必要かを述べてきました。ここからは、「やってはいけない聞き方」について、説明します。

注意したいのが、「思い込み・決めつけで聞く」「自分に都合よく聞く」「儀礼的に聞く」の3点です。

たとえば、「この間、山梨のワイナリーでワインの試飲をして、とてもおいしかったわ」と話し始めた相手に対して、「日本のワイン、最近、流行ってるわよね」など、最後まで聞かずに決めつけたり、「ワインはやっぱりフランスよ。先月、パリのレストランで飲んだワインは最高だったわ！」と、自分にとって都合のいい話に持っていってしまったら、相手の真意、つまり話したいことがわかりません。また、たとえ礼儀正しく相手の話を聞いていても、うわべだけでは意味がありません。相手のことをわかろうという気持ちがないままでは、会話が盛り上がらず、相手は話す意欲を失ってしまうでしょう。

CHECK LIST

やってはいけない聞き方 チェックリスト

次の聞き方をしていないか、当てはまるものをチェックしてみましょう。自分では気づかないこともあるので、身近な人にチェックしてもらうのもいいですね

- □ 「どうせ～」と思い込んで人の話を聞いてしまう
- □ 「やっぱり～に違いない!」などと決めつけて話を聞いてしまう
- □ 相手の見ためやうわさ話などの「先入観」を持って聞いてしまう
- □ 自分に都合よく話を解釈してしまう
- □ 自分に都合が悪い話は聞こうとしない(聞いたフリをする)
- □ 同じことを質問されると「ですから!(だから!)」と言ってしまう
- □ 同じような内容を聞かれると、つい聞き流してしまう
- □ 人の話を聞くとき、腕組みをしたり無表情で聞いてしまう
- □ 自分が先に話したくて、人の話をさえぎってしまう
- □ 自分と考えが違うと頑《がん》として聞けなくなってしまう

CHECK

☑チェックがついたのが…

7つ以上
Chapter2で紹介する「よい聞き方」を、ひとつずつ習慣にしよう

4~6つ
日常生活の中で7:3くらいの割合で、「最後まで聞く」ことを意識しよう

1~3つ
「ポジティブ・リスニング」(48ページ～)「アクティブ・リスニング」(54ページ～)を意識して使おう

Follow a Talk
002

相手の心を受け止める聞き方を

相手が話したくなる環境を整える

よい「聞き手」になろうとしても、相手が話をしてくれないことには、先には進みません。つまり、よい「聞き手」になるには、「どう聞けば相手が話をしやすいのか」ということを考える必要があるのです。

ここで、あるトレーニング法をご紹介しましょう。このトレーニング法は、私がいつも話し方の研修やセミナーなどで取り入れているものです。実際にやってみると、どのような聞き方をすれば相手にいい印象を与えられるかが、自ずとすぐにわかってきます。

トレーニングの方法は、次の手順です。

まず、ふたりひと組で「話し手」の役と、「聞き手」の役を決めます。話し手は聞き手に対して話しかけます。

　このとき、聞き手役の人は、話し手役の人と目を合わさず、終始かたい表情で無反応のまま。実際にやってみるとよくわかりますが、聞き手が無反応だと、話し手は「不安」「不快」になり、しだいに言葉が出てこなくなってしまいます。

　それに対して、聞き手の人が話し手の目を見て、楽しそうにうなずいてくれたり、ときどきあいづちを入れてくれたりすると、話し手は聞き手に「安心感」を抱き、「この人には話がしやすい」と感じるのです。

相手に好印象を与える聞き方を

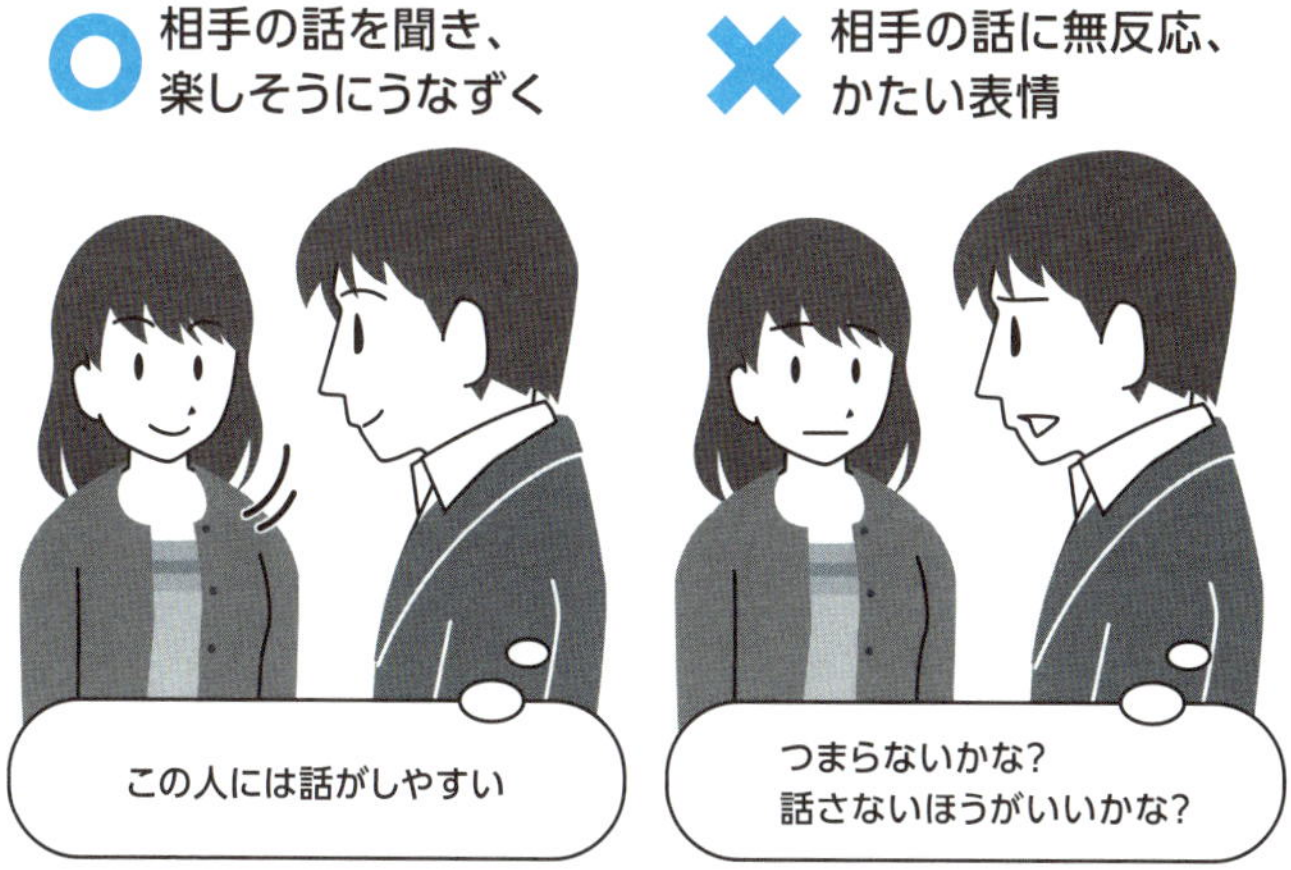
○ 相手の話を聞き、楽しそうにうなずく
この人には話がしやすい
× 相手の話に無反応、かたい表情
つまらないかな？
話さないほうがいいかな？

前者のような聞き方を「ネガティブ・リスニング」、後者を「ポジティブ・リスニング」といいます。このふたつの聞き方を比べると、話を聞くうえで大切なポイントが見えてきます。

相手が話題にしたいことを見抜く

会話の基本は、話し手が話題にしたいことを敏感にキャッチし、そこに反応することです。つまり、相手が喜ぶ〝ツボ〟を探り出すのです。

これを間違うと、ちぐはぐな会話になり、あなたへの印象も悪くなってしまいます。

たとえば、あなたが昨日、仕事を休んだ理由を「風邪をひいたから」と述べたとしましょう。それに対して、同僚のAさんは、「近所に評判のいい病院があるので、私は風邪をひいても安心よ」と答えました。

あなたは、Aさんの家の近所の病院を話題にしたかったのではありませんね。でも、Aさんは、話をそっちのほうに持って行ってしまいました。ここではAさん

心配してたのよ
近所にいい病院があるから、
私は風邪をひいても安心

相手が喜ぶツボを押さえる

は、**「どうしたのかと心配していたのよ」**と答えたほうが、あなたも相手が自分に関心を持ってくれている、心配してくれていることがわかってうれしくなり、Aさんに話をしたくなるのではないでしょうか?

じっくりと話して観察し、相手の〝ツボ〟となる関心事を聞き出すのも、心を動かす聞き方です。

Follow a Talk
003

「あいづち」上手になり、会話をはずませる

相手から話を引き出し、気持ちよく話してもらうには

自分の話に相手がテンポよくあいづちを打ってくれると、気持ちがいいですね。「あいづち」は、相手から話を引き出したいとき、相手に気持ちよく話してもらいたいときに有効なテクニックで、まるで餅《もち》つきの返し手のようなものです。ただし、ひたすら「うん、うん」と首を縦に振るだけでは、相手も自分の話を聞いているのか不安になってしまいます。左に紹介する6つのあいづちを使い分けることで、会話にリズムが生まれ、話が進みやすくなります。

あいづちを打つときは、身を乗り出すようにして話を聞いたり、目を見てうなずいたり、身振り手振りで示せば、相手も緊張がほぐれ、ぐんと話しやすくなるでしょう。

POINT

6つのあいづちを使い分けよう

①同意

「そうですね」「同感です」「その通りです」「なるほど」

ひんぱんに使うと、バカにしているようなニュアンスが出てしまうので注意

②共感

「お気持ち、わかります」「大変だったでしょう」
「ご心配だったでしょう」

相手の気持ちを受け入れることで、距離が縮まり、相手はより話しやすくなる

③承認・賞賛

「面白そうですね」「すごいですね」

相手が「人に教えたい話」をしていたり、内心「評価してほしい」と思っているときに使うと、相手を喜ばせることができる

④促進

「それからどうなったんですか？」
「と、おっしゃいますと？」

口の重い人に対して使うと、自然と話が次に促され、会話が進展する

⑤転換

「ところで〜」「そういえば〜」「話は変わりますが〜」

「さっきから同じことをくり返しているなあ」と感じたとき、話を変えたり、新たな提案ができる

⑥整理

「つまり」「要するに」「今の話のポイントは〜」

これまでの話をまとめることで、相手も「理解してくれている」と感じられる

また、話を聞きながら、「わかりますよ」とすぐに言うのと、少し考えて、「うーん、わかりますねえ」と言うのとでは、相手の感じ方も変わってきます。このようなちょっとした〝間〟も大切です。

相手の話のキーワードを「くり返す」

「あいづち」と一緒に覚えておきたいのが、相手の話のキーワードをくり返す「アクティブ・リスニング」です。

たとえば、Aさんに「明日の会議は、時間は3時からで変更はないのですが、場所が第1会議室から第3会議室に変更になりました」と言われたら、**「時間は3時からで変わらず、場所が第3会議室に変更、ということですね？」**という具合に、言葉でフィードバックするのです。

こうすると、相手に対して「あなたの話を聞いていますよ」という姿勢を示しながら、正確に情報を聞き出すことができます。もしAさんがうっかりしていても、アクティブ・リスニングなら「あっ！　第3ではなく、第4会議室でした！」と間

明日の会議は、時間は3時からで変更はないのですが、場所が第1会議室から第3会議室に変更になりました
時間は3時からで変わらず、場所が第3会議室に変更、ということですね？

「アクティブ・リスニング」で話の内容を確認する

違いに気づくことができるのです。

ただし、逆効果になる場面もあるので、注意が必要です。

たとえばBさんが「禁煙したんだけど、3日しか続かなかったよ」と話したとき、単純に「3日しか続かなかったんですね」とくり返したら、Bさんはどう思うでしょう？　「たしかにそうなんだけど、あなたがそれを言わなくても……」と感じることでしょう。

このようなときは、**「禁煙したんですね。難しいですよね」**など、相手の気持ちに目を向けて、それに共感することです。

Follow a Talk 004

ふたつの聞き方で相手への理解を深める

「要約」で誤解を防ぎ、話をふくらませる

相手の話を聞くときに、「はい、はい」とあいづちを打ったり、「わかりました」と答えるだけでは、相手には、あなたが「何を」わかったのかが伝わりません。その溝《みぞ》を埋めるのに役立つのが、相手の話を「要約する」技術です。

「なるほど、つまりこういうことですね」
「今の話のポイントは、〇〇と△△ですね」
「今の話は、先ほどの話とここが共通していますね」

など、会話の内容を相手に代わってまとめます。

相手の話を整理しながら自分の言葉で表現することで、相手に自分が理解していることが伝わります。ビジネスの場であれば、「この人なら話が早い」「この

つまり、こういうことですね
わかってくれてよかった
この人なら話が早い

「要約」で相手を安心させる

人は頭がいい」と評価を得ることにもつながるでしょう。

また、要約することで「それに近い感じですが、もっと言うと……」と、より明確な答えが返ってくる場合もありますし、「それだけではなくて、じつはこんなこともあるんですよ」と、話がふくらむこともあります。

要約力を磨くには、ふだん、新聞やインターネットの記事を読みながら、「この記事をひと言でまとめるとどうなるだろうか」と頭の中で考えるくせをつけておくこと。よいトレーニングになります。

「5W2H」の質問で話題を深める

相手に対して質問をしながら会話を進めることで、会話はより深く、実り豊かなものになります。

そこで、論理的な話に必要な「5W2H」を覚えておきましょう。

たとえば、趣味でテニスを頑張っているという人と、テニスの話題になったとしましょう。

「いつから始めたんですか?」

「仕事も忙しいのに、テニスの時間はどうやって確保しているのですか?」

「そんなに頑張れる秘訣ってなんで

「5W2H」とは

When
いつのこと?

Where
どこで?

Who
誰と?

Why
どうして? なぜ?

What
何を得た? 何を感じた?など

How to
どんな方法で?

How much (many)
どれくらいの時間? 手間? 金額?など

しょう?」

と、会話の合間に質問をしてみるのです。

「一念発起して3年くらい前から始めたんです。運動不足だったもので……」

「夜も練習に行きたいので、仕事も効率よく片づけるようになったんです」

「運動はやっぱりいいですね。高めだった血圧も安定してきましたよ」

という具合に、質問をきっかけに、会話が仕事や健康の話題にまでふくらむこともあるでしょう。

ただし、この質問形式は使いすぎると尋問《じんもん》のようになってしまうので、相手の反応を見ながら適度に差し挟みます。相手が答えやすい、無難な質問からするのもひとつのコツです。

Follow a Talk 005

「質問の目的」をはっきりさせる

質問の目的を4つに分けて考えてみる

相手に何かを問う「質問」は、「何のためにするのか」という目的を頭の中に入れておくと、より効果的に行うことができます。「質問」とひと口にいっても、その目的は大きく4つに分けられます。順番に見ていきましょう。

① 良好な関係を築くための質問

「いいお天気ですね」「昨日のお休みはゆっくりできましたか?」といった、お互いがすぐに答えられる、社交的な質問です。

初対面の人となら、**「お住まいはどちらですか?」「このお仕事は、どんなきっかけで始められたのですか?」**という具合でしょう。これらは、良好な人間関係を築くのが目的です。

②新しい情報を得るための質問

たとえば、何かについて深く知りたいとき、あなたならどうしますか？　今はインターネットやSNSで簡単に情報は手に入りますが、どの世界にも〝専門家〟〝情報通〟と言われる人はいます。そういう人から得る新鮮な情報は、インターネットなどから得る情報とは質が異なります。

そのような人に質問する際は、こちらも事前に3つの情報をまとめておきます。ひとつめは「事実」。たとえば、あなたが新しいパソコンを買いたいと思っている、という出来事です。次に「意見」。あなたはこれくらいの予算を考えているが、妻が高すぎると言っている、といった自分やまわりの意見です。そして「気持ち」。高くても性能がいいものを買ったほうが、結局は得なのではないか……など、自分の気持ちをまとめておくのです。これらを踏まえたうえで質問をすれば、相手もより的確なアドバイスを出すことができるでしょう。

③反対意見を述べるための質問

会議などで、真っ向から「その意見には絶対反対です！」と発言しては、お互いが感情的になり、対立を生むだけです。そこで、**「Aさんの意見ですが、こうは考えられませんか？」**という「質問」に替えてみましょう。これなら、相手にも不快な思いをさせることはありません。

④相手に自発的に動いてもらうための質問

部下に**「このプロジェクトを成功させるには、まず何が必要ですか？」**と聞いたり、「いい子はどうするのかな？」と子どもに問いかけるのが、これに当たります。自ら答えを出させることで、自発的な行動を促します。

このように、質問の「目的」をしっかりと持てば、何をどう質問したらいいのかがわかりやすくなります。会話も目的に添った、内容の濃いものになるでしょう。
ただし、質問を上手に行うためには、「相手との関係」や「その場の状況」を考慮することも大切です。初対面の人にいきなり難しい質問をしても、相手は困ってしまいます。そこで、次項で相手や状況に合わせた質問の形式をご紹介します。

POINT

その質問は、何のため?

昨日のお休みはゆっくりできましたか?
8:45

① 良好な関係を築くため

こういう事情があって、こういうことを考えているのですが、どうしたらいいと思いますか?

② 新しい情報を得るため

Aさんの意見ですが、こうは考えられませんか?

③ 反対意見を述べるため

このプロジェクトを成功させるには、まず何が必要ですか?

④ 相手に自発的に動いてもらうため

「目的」を自覚することで、「どう聞くか」を考えやすくなる

相手が答えやすい「質問形式」を使う

4つの質問形式を使い分けよう

相手に聞きたいことがあっても、相手がその質問に「答えたい」か、あるいは「実際に答える」かは、また別の問題です。相手が「答えやすい」聞き方をすることも欠かせません。そこで、ここではさまざまな質問の形式をご紹介します。目的に合わせて、使い分けましょう。

①選択型の質問

「値段が高くても性能がいいものと、安いけど使い勝手が悪いもの、どちらを買うのが最終的に得だろうか？」すなわち、**「AとB、どちらがいいか？」**という二者択一の質問形式です。

「問題が生じたとき、自分なりの解決案も一緒に提案する人と、そうでない人だったら、どちらがよりその人の成長につながるだろうか？」「それはもちろん、前者です」というように、相手に選ばせることで自分の話したい方向に誘導することもできます。

ただしこの聞き方は、ともすると、自らの価値観を相手に押しつけかねないので、「AとBだとしたら」などの言葉を入れて表現をやわらげる等、押しつけがましくならないような注意が必要です。

② 具体化の質問

「このパソコン、とても使いやすいですよ」あるいは「このプロジェクトを成功させるのは難しいと思います」、はたまた「あの映画、面白いよ」など、相手の話の抽象的な部分に的を絞って質問します。

「どんなところが使いやすいの？」「具体的に、どの部分が難しいと感じる？」「どんな風に面白いの？」など、個人差があり、解釈も人によって異なる抽象的な表現を、質問によって具体的にすることで、お互いの誤解や勘違いを減らすことができます。

③多角化の質問

「もし〜だとすると、どのようにしますか？」「たとえば〜ならどうなりますか？」「逆の立場で考えると〜となりませんか？」など、物事を仮定したり視点・立場を変えることで、考え方や可能性の幅を広げます。

相手がひとつのことに固執《こしつ》したり、決めつけているときに、「もしあなたが私の立場だったら、どのようにしますか？」と聞くことで、相手の気持ちを損《そこ》なわずに視野を広げる効果があります。または、「もしテストがいい点数だったら、どんな気持ちになるかな？」と、質問によって相手のやる気を出すのにも役立ちます。

④漠然型の質問

「あなたの夢は何ですか？」「将来はどう考えていますか？」など、思わず考えてしまうような漠然とした質問は、すぐには答えられないものです。しかし、この質問をうまく行えば、相手からの意外な話が聞けるかもしれません。

ただし、あまりに漠然としすぎていると、そのまま会話がストップしてしまう可能性もあります。初対面の人には適さない質問とも言えるでしょう。

POINT

相手が答えやすい聞き方は？

AとB、どちらがいい？
A
B

① 選択型の質問

どんな風に面白いの？

② 具体化の質問

もし、あなたが私の立場だったら、
どのようにしますか？

③ 多角化の質問

将来はどう考えて
いますか？

④ 漠然型の質問

質問形式を使い分けることで、相手が話しやすくなる

Follow a Talk 007

「相手が話したくなる」聞き方をする

日頃からさまざまなことに関心を持つ

「聞く力」には、言葉遣いやテクニックはもちろん、相手の「感情」を「聞く」ことも含まれます。相手の気持ちをとらえることは、話を聞くときの前提であり、重要な点でもありますが、そう簡単にできることではありません。

以前、私は当時の上司から「櫻井さん、この前の話をもう少し詳しく教えてくれないか？」と言われたことがありました。自分が任されていた仕事なので、私は得意満面、いい気分になって話します。

「そうか……ほう……なるほど」

その上司は、あいづちやうなずきをじつにうまく挟みながら、熱心に聞いてくれました。気づけば、新たな提案まですべて話していたくらいです。

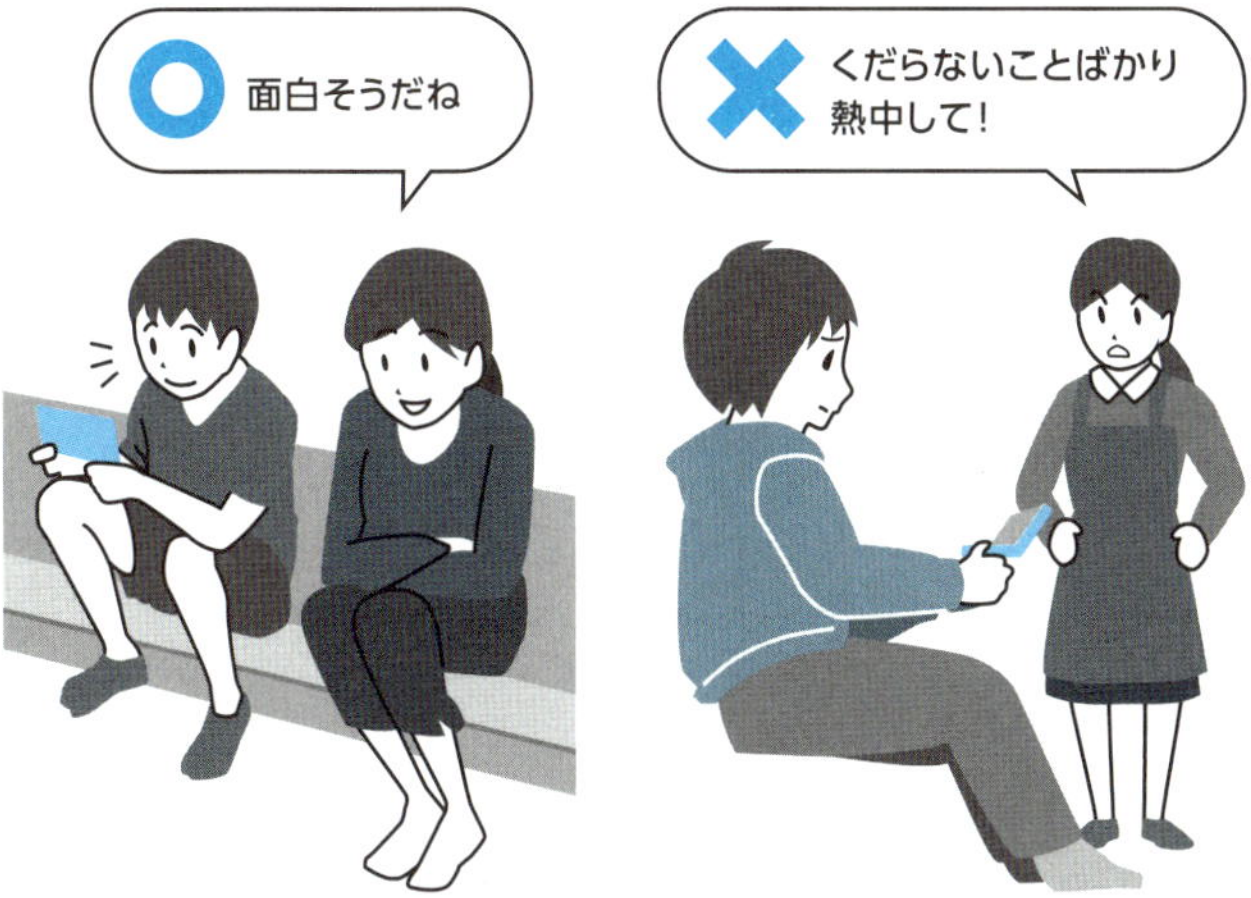

相手に関心を持つ

相手をその気にさせたり、気持ちよく話をしてもらうためには、まず「興味を持つ」ことから。すると、自然と質問が出たり、じっくりと深い部分を聞こうとする姿勢が生まれます。相手も「話し甲斐がある」と感じれば、さらに心を開いてくれるでしょう。

そのためには日頃から、自分の「関心事」を広げることを心がけましょう。たとえば、ゲームばかりで勉強しない子どもに、「くだらないことばかり熱中して!」と否定的な感情を一方的に押しつけては、対話に発展しません。まず、親も子どもと同じものに関心を持ってみましょう。なぜそこまで子どもが熱中するのかを「知る」のです。「ここはどうやるの？」と子どもに聞いてみるのも手ですね。子どもにしてみれば、ゲームの面白さを理解しようとしている親となら、「話してみようかな」と考えます。これが、対話のスタートとなるのです。

相手をその気にさせるには、まず相手のニーズをつかむことから。そのためには、自分もあらゆることに興味を持つ、柔軟な姿勢を持ちましょう。

肯定的に聞く習慣をつける

聞くということは、相手へ示す反応の形です。聞き上手は、相手が落ち込んでいるなど、マイナスの気持ちならプラス思考で言い換え、プラスの気持ちなら、さらにプラスにしてあげる反応ができるものです。

たとえば、「気弱なタイプとよく言われるんです……」と言われたら、**「慎重に、じっくりと進めるタイプなんですね」**という具合に言葉を返すことで、相手も気づいていないことを「肯定的に」伝えるのです。

気弱なタイプとよく
言われるんです…
慎重にじっくり進める
タイプなんですね

プラス方向の会話を心がける

ほかにも、「動作が遅い」→「慎重」「丁寧」「堅実」、「変わっている」→「感性が豊か」「ユニーク」「人にはないものを持っている」など、プラス思考で言い換えてみましょう。

自分を肯定されると、相手はとても気持ちよく感じますし、自分を受け入れてくれた、認めてくれたということで、自然にあなたを受け入れてくれるようになります。その後の会話もよい方向に進むでしょう。

プラス言葉の大切さは、32ページでもご紹介していますから、そちらも参考にしてください。

Follow a Talk 008

つまらない話が始まった！ どうやって聞く？

角度を変えて聞くと、新しい発見ができる

「ああ、またこの話題か……」と感じるような、同じ話をくり返す人があなたのまわりにもいませんか？　適当にあいづちを打ちながら聞き流すことも多いかもしれませんが、このような場合は、次に紹介する3つの切り口で話を聞くことで、〝つまらない話〟から〝新鮮な発見〟ができることもあります。

たとえば、上司の聞き飽きた武勇伝が始まってしまったとしましょう。

「私には計り知れない苦労があったのでしょうね。そのとき、部長はどうお感じになったのですか？」と、上司がその体験から感じたことや得たことを掘り下げると、今の自分に役立つ話が聞けるかもしれません。

話を一般化・普遍化するのもよい方法です。上司の武勇伝から、今の時代に

話を一般化・普遍化する

通用するような普遍的な仕事術を見つけて**「そう言えば、松下幸之助の本に、同じような事例がありましたね」**という具合に話を広げたり、**「上司と部下の関係を親子関係に当てはめるなら……」**など、ある関係とほかの関係の共通点を見つけるのです。

　また、たとえ聞き飽きた同じ話でも、時間が経過してから角度を変えて聞いてみると、以前は気づかなかった学びが、必ずあるものです。プロのシェフのように、同じ食材(話材)でも、「味つけ(視点)」を変えれば価値を高めることができるのです。

Follow a Talk 009

会話が途切れてしまったときは？

沈黙が訪れても「あわてない」

場がどんなに盛り上がっていても、話すネタが尽きたり、話題が錯綜《さくそう》したりすると、ふいに沈黙が訪れることがあります。こんなときは、真面目な人ほど「この場をなんとかしなくては」と心を騒がせがちなものです。

西洋では、このような場合、**「今、天使が頭の上をお通りになったね」**で一件落着。すぐにほかの人もそれに同調しながら、別の会話に移っていくそうです。

沈黙の時間は恐ろしいもの、という認識をあらためましょう。突然、沈黙が来ても、「あわてない」ことです。相手が考えを巡らしている状況であれば、目をそらさずに、静かに次の言葉を待てばいいのです。「人の話を聞く」ことは、「待つこと」です。ほんの少し心に余裕を持って、沈黙を観察してみましょう。

話すネタが尽きたり、話が行き詰まって場が静まってしまった場合は、**「話題を変えて、○○について話しましょうか！」**という具合に、ガラリと空気を変えてみたり、**「では、逆に考えてみましょうか」**と、理由と結論、原因と結果などを逆転発想で考えることを提案してみます。

また、相手が乗り気で話し始めても、自分のまったく興味のない話題で、どうつないでいいかわからない場合もあります。そのようなとき、「私、あまり詳しくないんですよね……」と答えたのでは、会話は止まってしまいます。そのようなときは、

「面白そうですね。ぜひ詳しく教えてください」

と、相手の話をより詳しく聞くようにしましょう。話を促すことで、相手も「興味を持ってくれた」と好感を持ちます。聞く側も、知らない知識に触れるよい機会なのです。

Follow a Talk 010

相手の自発的な行動を促したいときは?

ふたつの質問形式を使い分ける

私自身の経験なのですが、上司から話を聞いてもらったあとに質問されて、それに答えていく中で、問題解決のヒントを自分でつかんだことがたびたびありました。あとから考えると、上司は私に質問をすることで私の思考を整理し、問題点を明確にしてくれたのでしょう。「質問」は、相手から話を引き出すだけではなく、「気づかせ、考えさせる力」を持っているのです。

相手が自ら考える質問を投げかけたいときは、「オープン・クエスチョン」と「クローズド・クエスチョン」を織り交ぜるとよいでしょう。

前者は、相手に自由に答えてもらう質問形式です。たとえば、「○○社とのアポイント調整できた?」ではなく、**「○○社へのアポ取り、どういう風に進めよう**

と思ってる？」など。相手に考えさせることに重点を置いた質問になります。

ただし、今まで考えたことがないことや、知識・経験を持ち合わせていないことを考えてもらおうとしても、明確な答えは出てきにくいものです。

そのようなときは、「クローズド・クエスチョン」を使います。これは、相手が「はい、いいえ」または「AかBか」の二者択一で答えられるような質問の仕方です。

たとえば、**「来週明けに取引先と会議があるけど、打合せの時間は先方に連絡してあるかな？」**「はい、しました」**「資料は送ってある？」**「はい、送りました」という具合です。この質問形式を使うときは、質問した理由を説明するなど、相手の理解を深める工夫が必要です。

ふたつの質問を使い分けることで、相手に不足している思考や知識・経験を補いながら、自発的な思考・行動を促します。自ら答えを出していくことで理解も深まり、思考力がアップするだけでなく、段取り力や先読み力など、さまざまな力が伸びていくでしょう。

Follow a Talk
011

「聞きにくいこと」を聞くときは？

相手を尊重した表現でスムーズに聞き出す

相手に聞きにくい、質問しにくいことがあります。そのようなときは、まずは相手が話しやすい雰囲気を作ったうえで、和《なご》やかに会話を進めましょう。

① 相手の話したいことと違うことを聞きたいとき

⬇「今の話で思い出したのですが……」

一見、相手の話を汲《く》んでいるように聞こえますが、「今の話で思い出したのですが」のあとに、まったく別の話を切り出すこともできる、便利な表現です。

② 話の問題点や矛盾を指摘したいとき

⬇「どうして確認しなかったのかな？」

「ちゃんと確認しなきゃダメじゃないか！」と頭ごなしに言われるより、相手の気持ちも動きます。問題点を叱るときは、相手も見ないで決めつける〝ミンミンゼミ〟型ではなく、相手が自発的に考える〝カナカナゼミ〟型を心がけましょう。

⬇「重要なことなので、もう一度前提条件や共通点を見直してみると……」

今までの話を確認しながら、相手の話の矛盾点や誤りを伝えます。「あなたは～を強調したかったのだと思います。しかし、今回の目的は……」というように、相手の言いたかったことを受け止めてから指摘するのがコツです。

③ 相手に反対意見を述べたいとき

⬇「○○さんの考えは、△△ということですね! 言い換えれば、□□とも言えますね!」

まずは相手の話を受け入れてから、自分の反対意見との共通点や、ちょっと見方を変えると自分の意見と同じであるということを伝えます。真っ向から対立意見を述べるより、相手も受け入れやすくなります。

Advice

語呂合わせで覚える会話のコツ 02

質問力アップのフレーズ「た・ち・つ・て・と」

相手の話をより具体的に聞く力が「質問力」。次のフレーズを参考に、質問力をどんどん磨きましょう。

たとえば、どういうことでしょうか?

相手の話を具体化してもらうと、お互いの理解も促進されます。

ちなみに〜の場合はどうでしょう?

別のケースを想定する言葉です。話の内容を、別の角度から検討できます。

つまり〜ということですね?

要約して相手に確認することで、誤解や行き違いを防ぐことができます。

(どの)程度(ていど)でしょうか?

レベルや量、値段や時間などを確認できる質問です。

と、おっしゃいますと?

相手に話の続きを促したいときに便利なフレーズです。

Chapter 3

Learn Conversation Skills

たった5つのレッスンで「話す力」をつける！

「話が伝わらない」のは誰のせい？

話の受け取り方は人によって違う

「だから、何度言ったらわかるの？」

「ですから、先ほどからご説明させていただいている通り……」

人と話をするとき、私たちは知らず知らずのうちに自己中心的になってしまいます。自分の言いたいことがうまく伝わらないと、「だから」「ですから」と、「相手がなかなか理解してくれないのでくり返し言ってあげている」というような気持ちになってしまいがちです。


会話するときには、相手がいます。その「相手」とは、「自分とは違う存在」にほかなりません。しかし私たちは、「自分（話す人）」と「相手（聞く人）」では、「話の受け取り方が違う」ことを、往々にして忘れがちです。

相手と自分は「違う」ということを「認識」し、相手と「理解」し合い、相手を「尊重」する。これは、会話の大原則です。「人さし指理論」と呼ばれる考え方をご紹介しましょう(下図)。

相手を人さし指で指してみると、その指は相手を向いていますが、中指・薬指・小指の3本は自分のほうを向きます。この3本の指こそ、会話に大切な「認識」「理解」「尊重」なのです。

話をするときはつねに、相手に対して「認識」「理解」「尊重」ができているか、自問することを忘れないようにしたいものです。

会話の「人さし指理論」

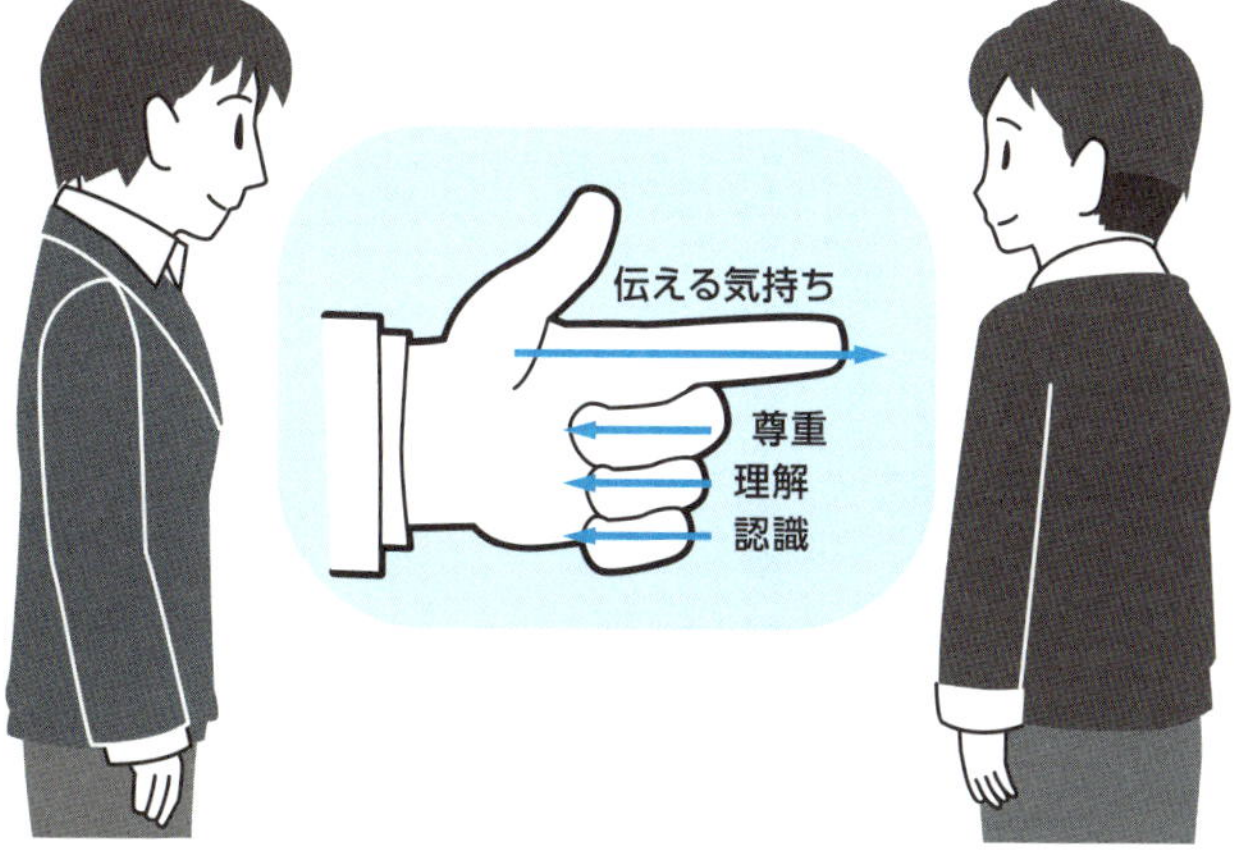

会話の「認識」「理解」「尊重」とは？

「認識」「理解」「尊重」について、ひとつの例を使って、説明しましょう。

先輩のAさんは後輩のBさんを誘い、終業後に夕食を食べに行きました。ところがBさんは食が進まず、いつもと違う様子を感じたAさんは「体調でも悪いの？」と聞きました。

Bさんは「先輩に気を遣わせたら悪いな」と思い、「気にしないでください」とひと言。先輩はそれ以上何も言えず、気まずくなってしまいました。

Bさんは、一見Aさんに配慮しているようですが、「AさんがBさんを気にかけている」ことを「認識」しておらず、自己中心的な対応とも言えます。

もしここでBさんが、先輩が気にかけているということに気づき、理由を説明していたらどうでしょうか。

B「**いえ、じつはお昼を食べたのが遅い時間だったので、あまりおなかが空いていなくて……**」

体調、悪いの?
気にしないでください
いえ、
お昼を食べたのが
遅かったので…

相手の立場に立った会話を

A「そうか、無理に誘っちゃったかな」

B**「いえ、気を遣わせてしまってすみません。こういう場は好きなので、誘っていただいてうれしいです」**

相手が心配していることを「認識」し、理由を説明して相手と「理解」し合い、そして、相手を「尊重」して、気を遣わせたことを詫びる。相手の立場に立った会話を心がけることこそ、コミュニケーションの基本です。

言葉を省かずきちんと伝える

私たちは、会話を通してお互いを理解し合いますが、言葉のやり取りには誤解がつきものです。

　以前、私が出張でホテルに泊まったときのことです。レストランで食事を済ませ会計をしていると、来るときには見当たらなかったエレベーターを見つけました。帰りはそちらを使おうとすると、レジの担当者から「お客様、エレベーターは止まっております」と声をかけられました。

　私は「どうしてそんなわかりきったことを言っているのだろう」と疑問に思ったものの、そのまま進むと、なんとエレベーターの階数表示のボタンのところに小さく「点検のため休止」と

POINT

会話で心がけたい3つのポイント

認識
会話にはつねに「相手」がいる

理解
聞く・話すを通じてお互いを理解する

尊重
相手を大事に思う

あったのです。

つまり、先ほどのレジの担当者は「そちらのエレベーターはただいま休止しております」と言ったつもりだったのですが、私は自分勝手に「そちらのエレベーターは、お客様のためにこのフロアで止まって待機しています」という意味に受け取ってしまったのです。

もしこのとき、レジの担当者が「点検のため止まっています」など、言葉を補えば、誤解を生まずに済んだかもしれません。

言葉は、自分の意図した通りにはなかなか伝わらないという側面を持っています。かくいう私も、以前タクシーに乗ったときのこと。「運転手さん、大阪までどのくらい?」と尋ねて、「お客さん、料金ですか? 時間ですか? それとも距離ですか?」と聞き返されてしまいました。

聞き手が理解できるよう、言葉を省かずにきちんと伝えることを日頃から心がけましょう。

話し上手は「相手のことを考える」

「相手が聞きたいこと」を話す

私は、社会人になってから最初の数年間は、機械のセールスをしていました。初めのうちは、何もわからないまま、与えられた商品のセールスマニュアルに書いてある通りに商品の特長を丸暗記して、お客様の前で話していたのです。とにかく覚えたことをひたすら伝える……そんなセールスをくり返していました。当然、私のセールスは断られてばかりだったのです。

そんな私を見かねた先輩が、私を自分の営業先に連れて行ってくれたことがあります。先輩は、先方とまず世間話から入り、

「今、お困りのことはありませんか?」

と、問いかけながらお客様に話をしてもらい、自分はうなずいたり、あいづち

これを言いたい!
相手が聞きたいことは
何だろう?

相手の関心事をつかむ

を打ったりと「聞き役」に回っていました。ときおり、お客様の話から、困っていることや問題点と思われる点が聞かれたときは、それをしっかりとメモして、

「お話をおうかがいしていて、きっと御社の問題解決のお役に立てると感じました。次回、どのようにお役に立てるのかを、整理してお持ちいたします」

と伝え、その日の面談は終了したのです。その後、先輩の新規販売は、見事に成功しました。

自分が伝えたいこと、言いたいことばかりを主張したところで、相手に興味がなければ、聞く耳を持ってくれません。

「相手の関心事」をつかみ、相手が面白いと思うことに焦点を当てて話をすることが大切なのです。「話し上手」になるためには、「聞き上手」であることが欠かせないのですね。

相手に「聞く準備」をしてもらう

話をする場合、話す側はもちろん、相手にも「聞く準備」をしてもらわなければなりません。たとえば、上司に対して、

「部長、○○社に持っていく見積りの件ですが……」

などと急に話を始めたら、もし相手が忙しかった場合、「ちょっと待って！」と不快な気持ちにさせてしまうこともあります。

「部長、今、少しよろしいですか？」

「部長、5分ほどお時間をいただけますか？　来週、○○社に持っていく見積りについて、ご確認をお願いしたいのですが……」

話を始める前に相手の都合をうかがう

など、相手の都合をうかがうひと言を入れるだけで、相手にも「聞く」準備ができます。

聞き手の都合に合わせ、聞いてもらえる状況の中で話をすれば、会話もよりスムーズに運ぶでしょう。

電話をかけるときは食事どきを避ける、話しやすいように静かな場所に移動するといった気遣いは、言葉以上に相手の心に働きかけるものです。

「時」や「場所」を味方につけて、まずは相手を「聞き手」に変えてから、話をするようにしましょう。

Learn Conversation Skills
003

「あいさつ」で相手とよい関係を作る

あいさつは、お互いが心を開くきっかけになる

初対面で少し怖そうな印象の人が、にこやかに「おはようございます！」とあいさつをしてくれたら、急に親しみ深く感じた、という経験はありませんか？

会話とは、化学反応のようなものです。「おはようございます」や「こんにちは」といった「刺激」を与えれば、人間関係にすぐさま「反応」が起こります。

あいさつは、された人はもちろん、した人にとっても気持ちがいいものです。お互いが心を開くきっかけになり、人間関係を築いてくれます。

「自分は会話が苦手だ」と感じている人に限って、「あいさつ」がきちんとできていないことが多いものです。話し上手を目指すなら、まずは自分のあいさつを見直してみましょう。

あいさつには、次に紹介する4つのポイントがあります。

「あ」……明るく、さわやかに

しっかりと相手の目を見て、あいさつの言葉を投げかけましょう。相手の注意を引くために、はじめに**「○○さん」**と相手の名前を呼ぶのはとても効果的です。

「い」……いつでも、どこでも、必ず

初対面に限らず、あいさつはいつでも、どこでも、必ず行いましょう。相手に、「○○さんは、いつも元気にあいさつをしてくれて気持ちがいい」と思ってもらえたら、うれしいですね。

「さ」……先に、先手で声をかける

「まず、自分があいさつする」ことを心がけましょう。年齢や立場の違いは関係ないのです。先に話しかけることで、自分自身がさわやかな気持ちになります。相手の警戒心を解き、会話しやすい雰囲気が生まれます。

「つ」……続けて粘り強く、つなげるように声をかける

相手によっては、気がつかなかったり、とっさに反応できずにあいさつを返してくれない場合もあるでしょう。しかし、そこでめげないことが肝心です。自分から「あいさつをする習慣」を続けてみましょう。

緊張しやすい人は、腹式呼吸をしてみよう

とくに初対面の人や、まだ打ち解けていない人とのあいさつは、どこか気恥ずかしさを覚えるものです。あいさつのときにもつい目を伏せたり、目線を外してしまいがちですが、そのようなときこそ、相手の目を見て、名前を呼んでみましょう。自分の気持ちも落ち着いてきます。

人前に出ると心臓がドキドキしたり、声が震えてしまう人は、呼吸も知らず知らずのうちに浅くなっているものです。ゆったりとお腹で呼吸を行う「腹式呼吸」を意識してみましょう。息を吸う力も吐く力も強くなり、しっかりと相手に届く、聞き取りやすい声を出せるようになります。小さな声では、「え？　今、何か言ったかな？」と、せっかくのあいさつも相手に伝わりません。

POINT

「あいさつ」は話し上手の第一歩

㋐ 明るく
㋑ いつでも
㋚ 先に
㋡ 続けて

あがりやすい人は腹式呼吸を意識する

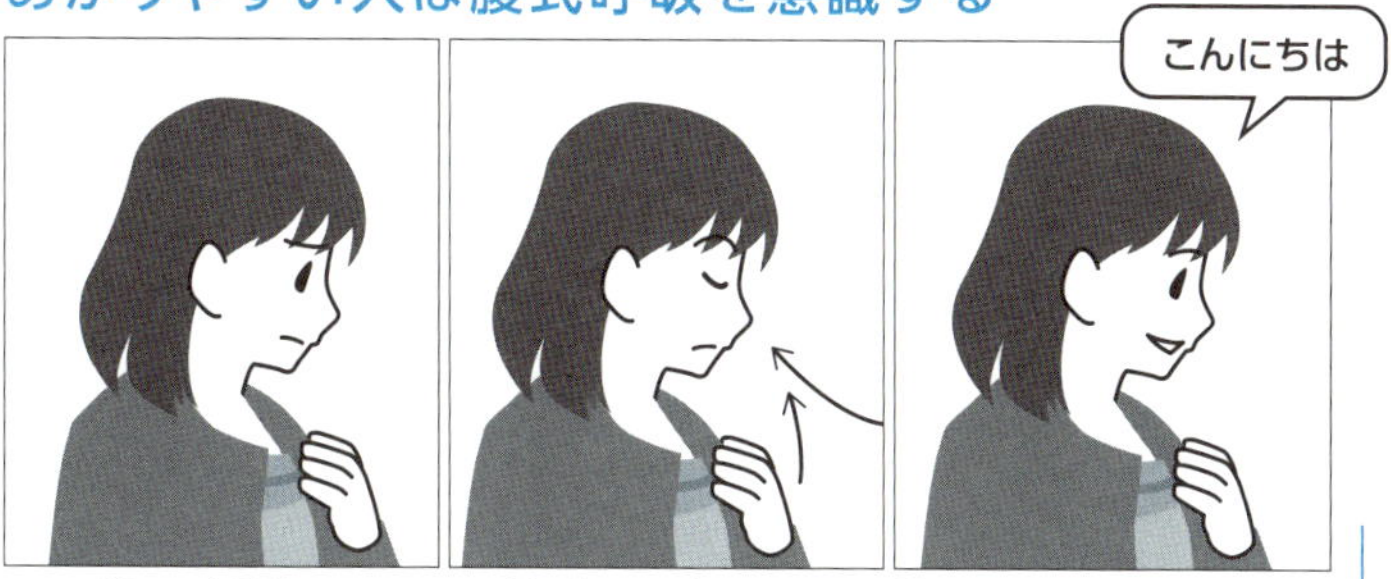

① 口を閉じる ② 鼻から息を吸う ③ 口を大きく開けて話す

Learn Conversation Skills
004

「態度」にも気を配り、相手に好印象を与える

見た目の情報が、印象の大半を決める

話をするときには、「発する言葉」だけではなく、「態度」も重要なポイントとなります。

無表情で話をするよりは、楽しい話は楽しそうな表情で、相手にとって得な話であれば、うれしそうに話すことで、相手の視覚に訴えながら自分が話す内容を伝えることができます。目に映る態度や表情は、印象の55パーセントを決めるとも言われますから、おざなりにはできません。

話し上手になる態度のポイントは、左にご紹介するように、「背」「目」「手」「足」「服」「くせ」の6点です。

とくに、6番めの「くせ」は、振る舞いのくせはもちろんのこと「言葉ぐせ」も自

POINT

言葉に心を込める「態度」とは

背《せ》

背筋をすっと伸ばしてあごを引くと、堂々とした印象に

目《め》

目線を相手に定めることで、「今、あなたに話をしています」と伝える

手《て》

とくに真剣な話をしているときは、手の位置を落ち着かせる

足《あし》

足をフラフラさせると、上体も落ち着きがなくなってしまう

服《ふく》

あまりに場違いなコーディネートやヘアスタイルでは、相手にも失礼

くせ

「なくて七癖」と言われるくらいです。日頃から振る舞いをチェックしておくこと

「せ」「め」「て」「あし」「ふく」「くせ」と覚えよう

分ではなかなか気づけないので、厄介なものです。

なぜ言葉ぐせが出てしまうかと言うと、話の内容や発言に対して自信が持てなかったり、何を話していいのかわからなくなって、時間稼ぎのために出てしまうことが多いようです。

話の内容を事前に考えたり、相手の情報を頭に入れておくなど、できるだけの準備をしておくことで、自信がつき、落ち着いて話すことができます。

相手の態度も観察してみよう

話が上手な人は、自分が話している間も、必ず相手の反応を注意深く観察しているものです。なぜなら、人の心理は、言葉以外のところに現れるからです。

そこで、相手の「目」の動きに注目してみましょう。「目は口ほどにものを言う」という慣用句がありますが、これは一理あるようです。

たとえば、話の最中に目がキョロキョロしたり、手元の資料を見つめ始めたら、話に飽きているサインかもしれません。このようなときは、**「わかりづらい点はあ**

りませんか？」とひと声かけると親切でしょう。時計をチラチラ見るようなら、**「お時間、大丈夫ですか？」**と相手の都合を気遣うことも大切です。

また、よく聞いてくれているときは、うなずいたり、あいづちを打ってくれるものです。逆に、これらが見られないと、よく伝わっていない可能性もあるのです。相手のしぐさにも、さり気なく気を配ってみましょう。

最後にもうひとつ、態度について面白い話があります。1970年代のアメリカで誕生した心理学「NLP（神経言語プログラミング）」の中のひとつに、「ペーシング」という技術があります。

これは、声の調子や話すスピード、声の大小、音程の高低、リズムなどを相手に合わせていくことです。すると、聞き手と話し手の中に一体感が生まれてきて、話し手は安心して話をすることができるようになります。

一見、あまりにも単純なことで、本当に効果があるの？　と疑問に思われるかもしれませんが、相手と会話するときに、ぜひ試してみてください。

「自分が伝えたいこと」を整理する

話の中身を整理する5つのポイント

スラスラと言葉は出てくるけど、話し終えたあと相手に「結局、何が言いたかったんだろう」「あの人は説明が下手だなあ」と思われてしまう。または、「相手がどう感じるだろう」と気にしすぎてしまい、自分の気持ちを「うまく言えない」「伝えられない」……。

こうした悩みは、「自分が伝えたいこと」つまり話の中身を整理することで解消されます。そのポイントは5つあります。

①テーマを決める

テーマとは、あなたが最も相手に伝えたいことです。**「つまり○○である」「ひと言で言うと～」**という具合に表現できるようにしておきましょう。

このとき、「誰に」「何のために話すか」目的も明確にしておきます。たとえば、「新入社員に」「あいさつの大切さを伝えるために」元気なあいさつは周囲を明るくすることを話すという具合です。話す相手と目的によって、伝え方が変わってくるからです。

②話題を選ぶ

テーマを伝えるためには、聞き手に合った話題を選ぶことです。相手が年配かそれとも子どもか、立場や年齢、性格などによって、同じ話題でも説得力が変わってきます。「元気なあいさつは周囲を明るくする」ことを新入社員に伝えるなら、あいさつによって職場の雰囲気が明るくなり、仕事の効率が上がった事例を紹介するなどです。

③話す順番を考える

たとえば、上司に重要な案件を連絡したり、緊急のトラブルを報告するときには、結論を先に伝えてから理由を述べます。結論が、「相手が最も聞きたいこと」だからです。

相手が聞いて理解しやすい順番で話をすることで、自分の伝えたいことが受け入れられやすくなります。

④強調点・山場を考える

キーワードをくり返すなど、強調することで大事なポイントを伝えたり、山場を設定することで「それからどうなったの?」と、聞き手の興味を引きつけます。

⑤切り出し・結びを考える

開口一番で聞き手を引き寄せる言葉が「つかみ」や「切り出し」です。

「今朝の新聞をお読みになりましたか?　私がまさにこれからお話ししようとする新しいプロジェクトに関する記事が掲載されていたのです」

こんな切り出し方をされたら、思わず身を乗り出してしまいますね。

結びは、話の最後に自分の言いたいこと(テーマ)をもう一度くり返したり、自分の気持ち・考えを伝えてまとめます。

POINT

「あなたが伝えたいこと」をチェックしてみよう

1 「テーマ」は
ひと言で言うと何？

2 「話題」は
相手にふさわしい？

3 「話す順番」は
わかりやすい？

4 「強調点・山場」は
どこ？

5 「切り出し・結び」は
相手の興味を引きそう？

006 相手の「頭」と「心」に働きかける

相手に「頭心《ズシン》」とくる話し方

話をする際は、相手の「頭」と「心」の両方に働きかけることが大切です。

私はよく「頭心《ズシン》とくる話し方をしよう」と言いますが、頭で理解し、心で納得して初めて、相手に行動してもらうことができるのです。

「頭に働きかける」というのは、相手の理解を得ることです。**「A＝B、B＝C、したがってA＝Cとなります」**と論理的に三段論法で話をしたり、**「～のポイントについて3つ申し上げます」**と要素を分けて話すことなどがそれに当たります。流れを持って話すこと、すなわち前項で紹介した話の中身を整理する5つのポイントの③「話す順番」は、頭に働きかけることに含まれます。

「心に働きかける」は、いわゆる相手が「腑《ふ》に落ちた」状態です。具体例や比喩《ひゆ》、エピソードやキーワードを盛り込みながら、相手の心に一石を投じます。

ここではまず、「頭に働きかける話し方」の「話の順番」について、詳しく説明します。

3つの話の展開法

話の順番はさまざまな組み立て方がありますが、「聞き手がいちばん関心のあること」に沿って伝えるのが極意。次の3つのパターンを覚えておくと役立ちます。

① 序論→本論→結論

序論で自分の体験や気持ちから切

POINT

頭《ズ》心《シン》とくる話し方で行動を促す

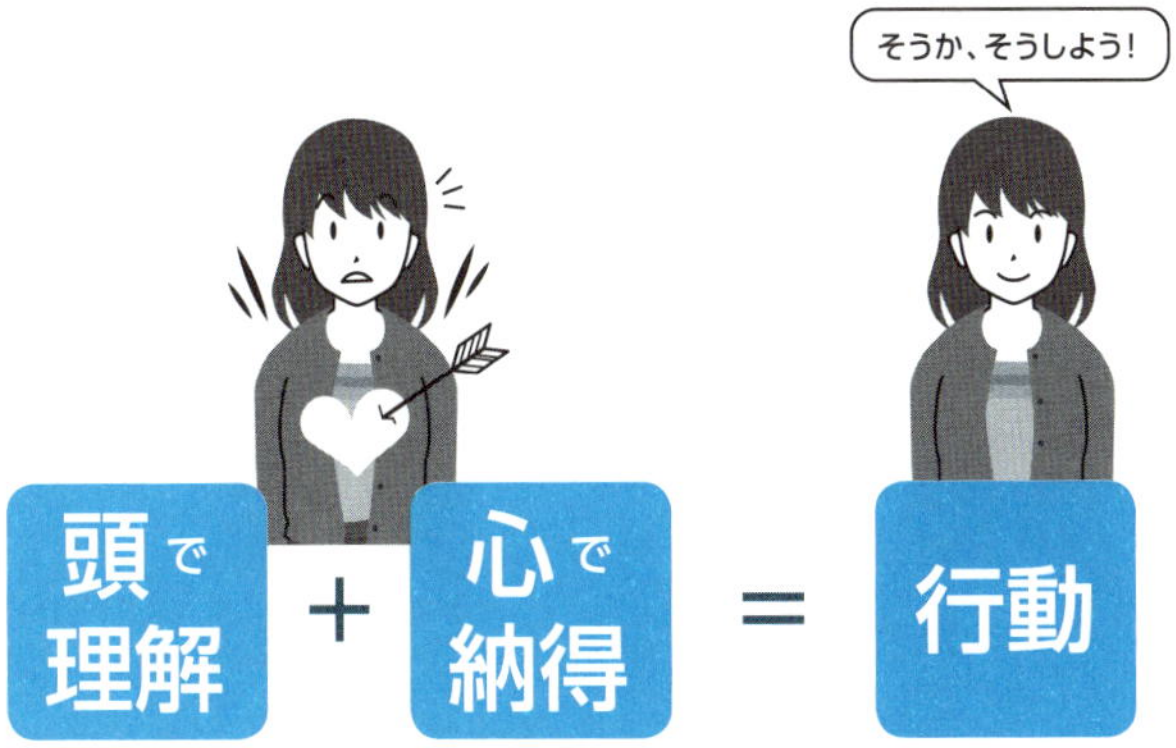

り出して聞き手の興味・関心を引きつけたうえで、主張を展開（本論）し、結論に持っていくという流れです。

② 主張↓データ↓根拠・理由↓主張

「三角ロジック」と呼ばれる、きわめて論理的な表現方法です。①提案事項、主張すべきことを述べる ⬇②提案や主張を裏づける具体的な論証やデータの提示 ⬇③なぜそれを提案、主張するのか理由を述べる ⬇④提案や主張をくり返す、の流れです。ビジネスの中では、提案や報告など幅広く使える方法です。

③ 起承転結

「起」で話を起こす。「こんなことがありました」など、話をすることになったきっかけを述べたり、話すテーマを述べる ⬇「承」でそれを受けて、具体的に話を進めたり、情報を補う ⬇「転」で「しかし一方で〜」など別の観点を述べたり、それまでの話について疑問を呈する ⬇「結」で結論や主張、「転」の疑問への答えを述べて話を結びます。

POINT

相手が理解しやすい話の展開法は？

① 最初に聞き手の興味・関心を引きつける

序論 「『あいさつはよい人間関係を作る』ことを、実感した出来事があります」

↓

本論 「以前、ある会合が始まる前に自分から進んで主催者にあいさつしたら、後日ばったり会ったときに自分の顔を覚えてくれていました。先日も、初めての営業先に行ったときエレベーターの中で会った人にあいさつしたら、なんとその人が商談相手で、商談もうまく行きました」

↓

結論 「このように先手であいさつをすることで、より効果的に、よい人間関係を作ることに役立ちます」

② 「言いたいこと」を最初に述べる（三角ロジック）

主張 「今日は傘を持って行きなさい」

データ 「気象庁が発表した今日の降水確率は80％です」

→

理由づけ 「気象庁の天気予報は信頼できます」

③ 話の途中で別の観点を述べ、結論に説得力を持たせる（起承転結）

起 「私はじつは、彼のことを『仕事が遅くて迷惑』と感じていました」

↓

承 「実際に、納期に間に合わないこともしばしばあります」

↓

転 「ところが先日、上司が彼のことを『スピードは遅いけれども丁寧で着実な成果を上げることができるから、任せておけば安心』とほめていました」

↓

結 「『拙速《せっそく》は巧遅《こうち》に勝る』と考えていた私は、目から鱗《うろこ》が落ちたようでした」

相手の印象に残る話し方をする

相手の心に働きかける3つのポイント

前項では、「頭に働きかける話し方」の「話の展開法」についてご紹介しました。
ここでは、「心に働きかける」話し方について触れたいと思います。
相手の印象に残る話し方には、次の3つのポイントがあります。

①視覚に訴え、イメージできるような描写力で話す

たとえば、「四角すい」を説明する場合、「四面を二等辺三角形で囲われた、正方形の上に立つ立体」と言うよりも、**「エジプトのピラミッドを思い浮かべてください」**と言ったほうがずっとわかりやすいですね。

「たとえば」「〜のような」といった比喩《ひゆ》を用いることで、伝えたい内容を相手がイメージしやすくなります。

② 会話を盛り込み、ジェスチャーを使い、話にふくらみをもたせる

「落語」を思い浮かべるとわかりやすいのですが、**「クマさん！」「なんだい、八つぁん！」**のように、身振り手振りを交えながら一人二役の会話形式にすると、イメージが湧き臨場感が出て、話にふくらみも出ます。その結果、とても印象深い話として聞き手に届きます。

③ 意外性のある表現や話の展開で、相手の心に一石を投じる

話の中のキーワードを意外性のある表現にしたり、前項でお伝えした

「絵を描く」ように話すと相手の印象に残りやすい

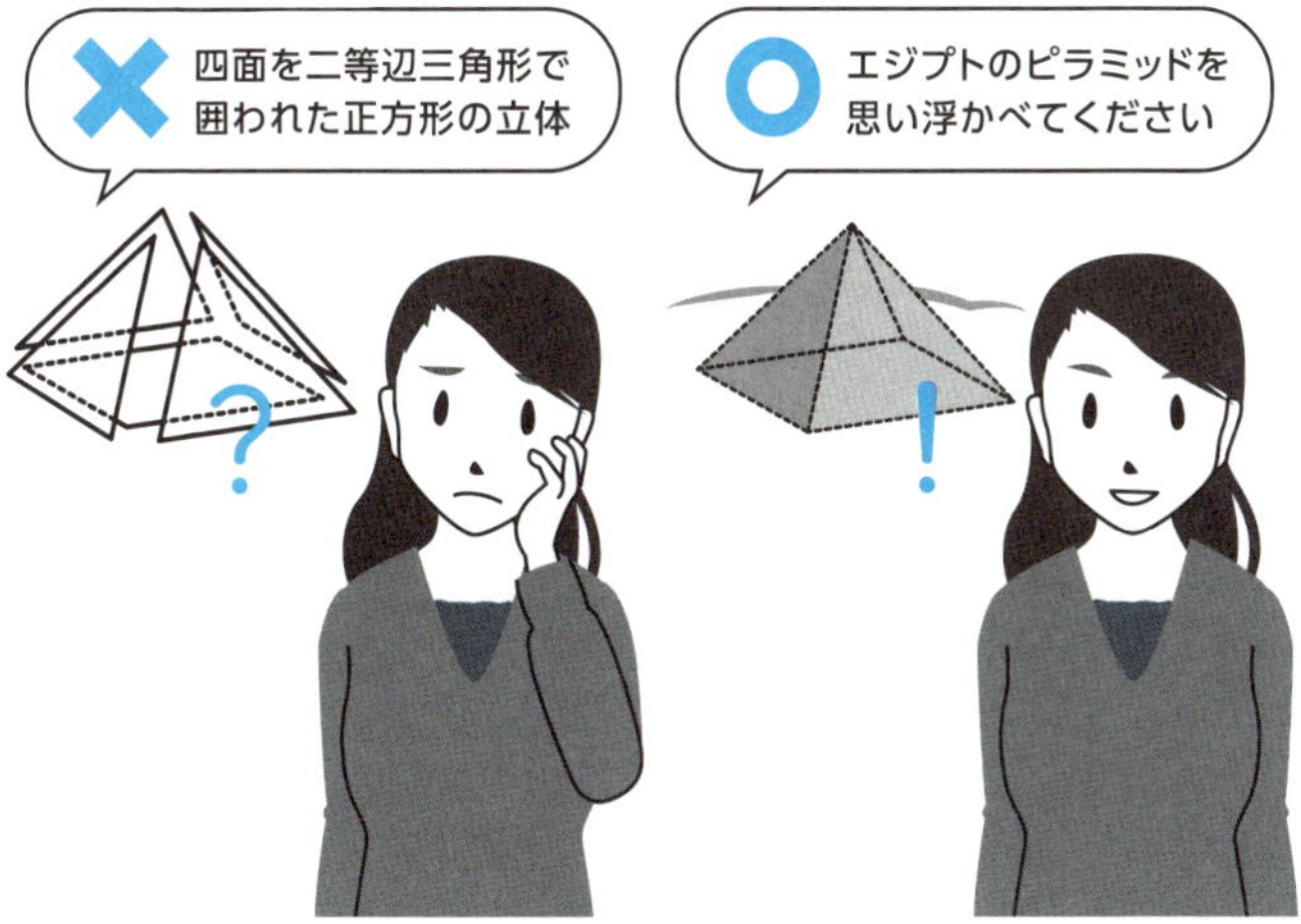
四面を二等辺三角形で囲われた正方形の立体
?
エジプトのピラミッドを思い浮かべてください
!

「起承転結」のような展開をすることで、相手の印象に残る話になります。

相手の感情面に配慮する

「心に働きかける」ためには、相手の自尊感情をきちんと守って話すことも欠かせません。相手の感情面に配慮した言葉遣いをするのです。

たとえば、職場で熱心に趣味の話をしていて仕事の手が止まっている部下がいたとしましょう。そのとき、

「仕事も、それくらい熱心だといいんだがな……」

これでは、部下の反感を買いかねません。ましてや大勢の前で言うなど、相手の自尊心を深く傷つけるだけです。しかし、

「君は、好奇心旺盛な人間なんだな」

と、まず相手の趣味を尊重し、肯定することで相手の自尊心を守ります。そこから本題を切り出すと、相手も素直に受け入れることができるでしょう。

最後に、自尊感情を刺激するフレーズとして、次の「か・き・く・け・こ」を

ご紹介します。

か「かないません」

き「気づきませんでした」

く「悔しいけれども、私の負けです」

け「結構、やりますね」(なかなかやりますね)

こ「こだわりますね」

聞き手の自尊心を刺激して、「認めてくれている」と印象づけることができる言葉です。

相手との関係性に合わせ、会話の合間に上手に活用してみましょう。

相手を肯定する言葉遣いを

相手の気分を損ねずに間違いを伝えるには？

良好な信頼関係を築くふたつのポイント

会話の中で、私たちは相手の言っていることが事実と違ったり、矛盾していることに気づくことがあります。そのようなとき、どう伝えますか？　話し上手は、「言いにくいこと」もじつにうまく伝えることができます。失礼にならない伝え方で、その後の良好な信頼関係を築くこともできるのです。

そのポイントはふたつあります。

①「マジック・フレーズ」を活用する

⬇**「恐れ入ります。この○○ですが、実際は△△ではないでしょうか。ご確認をお願いできますか」**

そのほか、「お手数をおかけします」「失礼ですが」など、間違いや矛盾をストレートに伝えずワンクッション入れる言葉をうまく取り入れましょう。相手の自尊感情を守りながら、間違いをやわらかく伝えることができます(28ページ参照)。

②「確認」や「質問」の形で伝える

↓「私の思い違いでしたら申し訳ありません。前回はBの方法で進めるようご指摘いただいたかと思うのですが、Aの方法でよろしいでしょうか?」

↓「失礼かもしれませんが、ここは○○ではなく、△△ではありませんか?」

話の矛盾を指摘されるのは、誰でも恥ずかしいものです。自分が正しいと思うときこそ、謙虚な姿勢と表現を大切にしましょう。

「確認」「質問」の形を取ることで、相手は自ら誤りに気づくことができます。

相手の発言を否定したり、見下すような話し方は避けたいものです。「自分が同じことを言われたら?」と前もって考えると、伝え方も自ずとやわらかいものになるのではないでしょうか。

Learn Conversation Skills 009

「ウケる話」はどうしたらできる?

何気ない体験も、個性を表す貴重なエピソード

雑談の最中、「ウケる話」をして場の雰囲気を盛り上げ、相手を笑顔にできればと思う人は多いでしょう。

しかし、自分から積極的に話すのは苦手、と感じている人は多いようです。その多くは「私には、面白い話の持ち合わせがないんです」と言うのです。

けれども人はそれぞれ、たったひとつの人生を生きています。その人の体験は、その人のものでしかありません。

「流行のドラマ、自分はどう観たか」「満員電車で、空きそうな席を見つけるコツ」など、自分では他愛ない話だと思っても、それは、その人独自の感性や体験から得られた貴重なエピソードです。

あの花きれい、
何ていう名前だろう？
明日は雨かな…

ものの見方・感じ方は人それぞれの個性を表す

コツは、「事実」だけでなく、「自分自身が感じたこと、考えたこと」を交えて話すこと。聞き手にあなたの人間性が伝わり、親近感を覚えて雑談は盛り上がります。

あなたの体験談を披露することから、「そうなんですか、じつは私も……」「あっ、私も似た経験がある！」という具合に、相手も独自の体験が重なり、新たな発見を共有することができるでしょう。

あなたがヒントを投げかければ、ほかの誰かが新しいヒントを提示してくれる。雑談力を高めるためには、まずは、「勇気を持って話してみる」ことから気軽に始めてほしいと思います。

Learn Conversation Skills
010

失言を挽回したいときは？

お詫びと説明を補うことで、失言を更新する

会話は、つねにぶっつけ本番。ですから、つい失言することもあります。相手と対面していて「しまった！　失言してしまった」というようなときでも、すぐに気づけば〝挽回発言〟は可能です。たとえば、

「いい意味で言ったのですから、誤解しないでくださいね！」
「今の発言の意味は、～ということです。日本語って難しいですね！」

など、言葉を補うことで、きちんと挽回しましょう。

ちょっと厄介《やっかい》に感じるのが、相手が自分の言葉に対して不快な感情を抱いたまま、何も言わないようなとき。誤解や行き違いが原因で、一方的に人間関係を解消されてしまっては、悲しいものです。

そのような場合でも、やるべきことはいたってシンプルです。「誤解されているのでは？」と感じたら、率直に聞いてみるのです。

たとえば、送ったメールに対して返信が来ない場合なら、**「返信がなかったのは、何か理由がおありだったのですか？」**と尋ねてみましょう。相手がたまたま忙しかったり、忘れていただけかもしれません。

あなたが心配した通り、相手があなたのことを誤解しているとわかったら、**「本当にすみませんでした。私はそういう意味で言ったのではないのです」**と、きちんとお詫びして、説明することが大切です。

会話に「失敗」はつきものですが、会話はつねに「更新」していくものでもあります。結果をいつまでも気にしすぎず、相手と積極的に関わっていき、経験を積み重ねることです。そうすることで、話す力がついていきます。

「勇気」は「言う気」と、肝に銘じておきましょう。

「わかった」と言っても相手が動かないときは?

相手が「わかっていない」ことを探る

相手から「わかりました」と聞くと、反射的に「伝わった」「これで行動してくれる」と自分に都合よく解釈しがちです。

ビジネスシーンでとくに多いのが、その仕事の必要性や重要性は「わかって」いても、仕事の具体的な進め方が「わかっていない」ケースです。そのようなときは、次のように方法提示することで、理解が行動につながります。

①相手にとって実現可能な方法を提示する

具体的な方法を提案することで、相手が実行しやすくなります。このとき気をつけたいのが、「自分にとって実行できる方法を、そのまま相手に提示していないか」ということです。実行するのは相手なのに、その人が実現できるかどうか、意外と見過ごされていることが多いのです。

② 相手に選ばせる

たとえよい方法でも、押しつけられると人間は拒否したくなります。選択肢を設けて選んでもらうことで、相手の自発意志を喚起し、責任感を高めます。

このとき、**「AとBとC、君のために3つ方法を考えてみたんだけど、どれがいいかな？」**と、捨て駒でもいいので3つ以上の選択肢を入れておくと、「AかB」の二者択一よりも受け入れやすくなります。

③ 相手の負担感を軽くする

やってもらう相手の負担を、「除く」ことはできませんが「軽く」することはできます。たとえば、「お値段は100万円」と言われて難色を示されたら、**「分割払いでもいいですよ」**と提案するような具合です。

それでも相手が考え込んでしまったら、**「まず使ってもらって、気に入らなかったら返品してもかまいません」**など、先の見通しや結果をイメージしやすくすることで、負担をさらに軽くすることができます。

Advice

語呂合わせで覚える会話のコツ 03

話題発見のヒント「ま・み・む・め・も」

会話の中で、話題を発見できるヒントをご紹介しましょう。

ま　待てよ

立ち止まり、周囲を見渡すと、意外な話題が発見できるものです。

み　見直す

同じ話題でもあらためて見直すことで意味が変わり、新しい話題となるものです。

む　向きを変える

視点を変えて、仮定や逆転の発想をしてみると、同じ話題がまったく違う話題に変わります。

め　目を配る

相手を観察することで、相手の気持ちが見えてくることがあります。

も　問題意識を持つ

「なぜ」「どうやって」と、より積極的に掘り下げることで、新しい見方や考え方を発見できます。

Chapter 4

Basics of Business Communication

覚えておきたい！ ビジネス会話の基本

001

心のこもった敬語の基本

3つの敬語を使い分ける

敬語は、相手とよりよく関わっていくために必要な、パスポートのようなものです。ビジネスの現場では、立場や経験、年齢、知識量などがさまざまな人と関わりますが、この「敬語」というパスポートを使うことで、誰とでもスムーズにコミュニケーションが図れるようになるのです。また、ビジネスパーソンとして、正しい敬語が使えているかどうかは、仕事の評価にもつながる重要なポイントになります。

敬語には、大きく分けて「尊敬語」「謙譲語」「丁寧語」の代表的な3つがあります(※)。尊敬語と丁寧語は、相手を自分よりも上に見て話す言葉です。それに対して謙譲語は、へりくだって表現することで、相手への敬意を表します。

この中で間違いやすいのが、尊敬語と謙譲語です。

※2007年、文化審議会の国語文科会が提出した「敬語の方針」により、謙譲語は「謙譲語Ⅰ」「謙譲語Ⅱ(丁重語)」、丁寧語は「丁寧語」「美化語」に分かれ、5分類となった。

尊敬語と謙譲語を見分けるコツは、「主語が誰か」です。目上の相手が主語になるときは尊敬語、自分や身内が主語になるときは謙譲語と覚えておきましょう。

たとえば、目上の人が見たり聞いたりするときは、「ご覧になってください」「お聞きになってください」。自分が見たり聞いたりするときは、「拝見します」「うかがいます」となります。

丁寧語は、物事を丁寧に表現することで、相手に敬意を表した言葉使いです。語頭に「お」や「ご」をつけたり、「です」「ます」「ございます」という丁寧な語尾で締めくくるなどで、前者ふたつに比べると、わかりやすい使い方ではないでしょうか。

POINT

敬語の違い

尊敬語

相手を高めて表現する

「言う」→「おっしゃる」、「いる」→「いらっしゃる」など、相手の動作・状態などを高めることで敬意を表現する

謙譲語

自分や身内を低めて表現する

2種類あり、「謙譲語Ⅰ」は自分側から相手側または第三者に向かう行為・物事などについて、その向かう先の人物を立てて述べる、「謙譲語Ⅱ（丁重語）」は自分側の行為・物事などを、話や文章の相手に対して丁重に述べる

丁寧語

表現を丁寧にして相手への敬意を示す

「です」「ます」「ございます」など、話し手の丁寧な気持ちを直接表現する「丁寧語」と、「お花」「ご近所」など、表現の上品さを表す「美化語」がある

まずは敬語の持つ意味についてきちんと理解し、「身についた言葉」として活用できるようになることです。

ただし、敬語を用いているから丁寧な話し方かというと、必ずしもそうではありません。俗に「慇懃無礼《いんぎんぶれい》」という言葉があります。これは、「表面上は丁寧に接しているように見えるけれども、心の中では相手を軽く見ている」という意味です。いくら丁寧な言葉を使っていても、本心は表情に表れます。歯の浮いたようなお世辞を言われてもうれしく感じないのは、話し手の本心が聞き手にも伝わるからです。

敬語とは、読んで字のごとく、「敬う言葉」です。相手を、自分とは異なる存在として尊敬しているからこそ使うものであって、言葉にその気持ちをこめることを忘れないようにしましょう。

TPOに応じて呼び方を変える

ビジネスシーンにおいて、とりわけ新入社員にとっては、名前の呼び方もひとつ

POINT

ビジネスでよく使われる尊敬語・謙譲語

尊敬語		謙譲語
おっしゃる、言われる	言う	申す、申し上げる
いらっしゃる、おいでになる	行く	うかがう、参る
いらっしゃる、おいでになる	来る	参る、参上する
お帰りになる	帰る	おいとまする、失礼する
いらっしゃる、おいでになる	いる	おる
される、なさる	する	いたす
くださる	与える	差し上げる
思われる、お思いになる	思う	存じる、存じ上げる
ご存じ、知っていらっしゃる	知る	存じる、存じ上げる
お聞きになる、聞かれる	聞く	伺う、承る、拝聴する
お読みになる、読まれる	読む	拝読する
ご覧になる	見る	拝見する
お見せになる	見せる	お目にかける、ご覧に入れる
お会いになる、会われる	会う	お目にかかる
召し上がる	食べる	いただく

主語
＝
相手

主語
＝
自分・身内

の〝難関〟となります。

たとえば、社内では、「佐藤部長」と役職をつけて読んでいる上司を、社外の人に対しては、相手に失礼のないように、「佐藤」と呼び捨てにします。たとえ上司や先輩であっても、同じ社内の人間は身内とみなすからです。ですが、部長の家族から電話がかかってきた場合は、家族は社内よりもさらに近い関係なので、敬意を込めて「佐藤部長」と言うのがマナーです。

ビジネスシーンでもうひとつ気をつけたいのが、間違い敬語です。ついやりがちなのが、尊敬語を使うべきところなのに謙譲語を使う、またその逆のパターンや、丁寧に話そうと思うあまり「お召し上がりになられる」など、二重敬語になってしまうパターンです。

また、「課長のほう・は・ただいま席をはずしております」といった、いわゆる〝コンビニ言葉(雰囲気は丁寧だが誤った敬語)〟は、ビジネスシーンではNGです。うっかり使ってしまわないように、注意しましょう。

POINT

ビジネスでよく使う敬語表現

×		○
誰ですか	➡	どちらさまでしょうか?
何の用でしょうか	➡	どのようなご用件でしょうか?
誰を呼びますか?	➡	どの者をお呼びいたしましょうか?
ちょっと待ってください	➡	少々お待ちください
今行きます	➡	すぐに参ります
今はいません	➡	席を外しております
わかりました	➡	かしこまりました、承知いたしました
できません	➡	いたしかねます
すみません	➡	申し訳ありません
どうしますか?	➡	いかがいたしますか?

目上の人に使ってはいけない表現

×		○
了解しました	➡	かしこまりました、承知いたしました
ご苦労様です	➡	お疲れ様です
お世話様です	➡	いつもお世話になっております
大変参考になりました	➡	大変勉強になりました
ご一緒します	➡	お伴させていただきます
なるほど、そうですね	➡	おっしゃる通りです

電話を受けるときのマナー

電話応対の基本と流れ

相手の表情が見えないために、電話での話し方には、特有の言い回しとマナーがあります。

会社にかかってくる電話はどれもビジネスに関わる大切なもの。しかも、こちらの都合や状況など関係なくかかってきます。新入社員なら、呼び出し音が鳴るたびにドキドキしそうですが、次の3つの基本を守り、左に紹介する流れに沿って落ち着いた応対をすれば心配無用です。

①明るく大きな声で、丁寧に
②2コール以内に取る
③会社の顔として対応する

POINT

電話を受けるときの流れとフレーズ

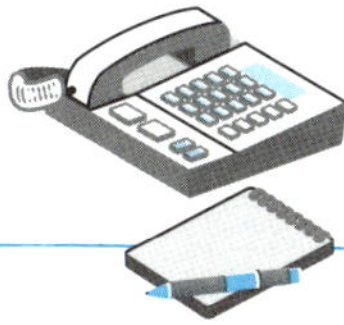

電話を受ける前の準備

・メモ用紙とペンを手元に用意
・電話が鳴ったら2コール以内に取る
・待たせてしまった場合は「大変お待たせいたしました」

電話を取る

はい、〇〇社でございます

相手が名乗る

〇〇社の山本と申します

・名乗らない場合は「失礼ですがお名前を頂戴できますか？」と確認する

あいさつ

〇〇社の山本様ですね。
いつもお世話になっております

担当者に取り次ぐ

渡辺様はいらっしゃいますか？

①自分宛の場合

はい、私です

②担当者がいる場合

渡辺ですね、少々お待ちください

③不在の場合

恐れ入りますが、渡辺は外出しております。
17:00に戻る予定です。戻り次第、こちらから
折り返させていただいてもよろしいでしょうか？

- 折り返すときは「恐れ入りますが、念のためお電話番号をお教えいただけますか？」と確認
- 用件を取り次ぐ場合は、内容を復唱して確認し、最後に「私〇〇が承りました」と名乗る
- 担当者が休んでいるときは、「申し訳ございません。渡辺は本日休みを取っております」と伝える。急ぎの用件なら自宅や携帯電話に連絡を取る

いつでもメモを取れるよう、筆記用具は目につきやすい場所に置いておきます。メモを取りやすいようペンを持つほうと逆の手で受話器を取るのもコツです。

電話はお互いに姿が見えない分、相手は耳で集中して聞こうとします。電話を受けるときの態度にも、気を配ることが大切です。電話が鳴ったら、相手が目の前にいる気持ちで、背筋をピンと伸ばして受話器を取りましょう。背筋を伸ばすと声の通りがよくなり、相手が聞き取りやすくなるメリットもあります。

電話相手に安心感を与えるには?

電話先の相手との会話で、「わかりました」「かしこまりました」という返事をするだけでは、相手はいったい何がわかったのか確認できません。

内容を承知していることを伝えるためには、「アクティブ・リスニング」を取り入れましょう。これは、相手の話のキーワードをその場でタイミングよくくり返し、「言葉で確認する」という「聞き方」のことです(54ページ参照)。この方法は、電話中の誤解やすれ違いをなくし、相手に対しても、内容を正確に理解しているという安心感を与えます。

たとえば、「先日お送りした資料はお手元に届いていますでしょうか？」と聞かれたら、**「お送りいただいた〇〇の資料ですね。はい、たしかに受け取っています」**とくり返します。聞き間違えやすい数字やアルファベット、たとえば「7時(しちじ)」と「1時(いちじ)」、「B」「D」「V」や「M」「N」などはとくに注意しましょう。「7時」は「ななじ」、「D」は「ABCDのD」など、言い換えながら確認するとよいでしょう。

相手の話が聞き取れなかったときは、**「恐れ入りますが、もう一度お願いできますでしょうか？」**など、曖昧《あいまい》にしたままで済ませないようにします。見えない相手だからこそ、お互いに「確認を取り合う」ことが最も大切なのです。

電話をかけるときのマナー

相手の都合を確認し、用件は簡潔に

電話を受けるときと同様、かけるときにもいくつかのマナーがあります。

128ページでもお伝えしましたが、電話は、突然の訪問者のようなものです。かけているほうは、電話先の相手が今、どのような状況かは、ほとんどの場合はわかりません。もしかしたら、大切なプレゼンを目前に控えているかもしれないし、企画書の提出締め切りが迫っているかもしれません。

基本的には、お昼休み前と終業時間の直前など、相手が忙しい時間帯は避けるほうがよいでしょう。

とはいえ、時間帯を選んでなどいられない急用の場合もあります。その場合でも、相手の状況に配慮した言葉がけをしたいものです。

POINT

電話をかけるときの流れとフレーズ

電話をかける前の準備

- 相手の会社名、所属部署名、名前を確認しておく
- 用件を箇条書きなどでまとめておく
- 複雑な内容を伝える場合は、書面や資料をメールやFAXで送ってから、電話をするとスムーズ

電話をかけ、名乗る

私、○○社の中村と申します。
いつもお世話になっております

↓

相手を呼び出す

恐れ入りますが、○○課の
小林様におつなぎいただけますか？

①いる場合

再び名乗る

○○社の中村と申します。
お世話になっております

相手の都合を確認し、
用件を話す

△△で3点確認したい
ことがあるのですが、
今、お時間よろしいでしょうか？

②担当者が不在の場合

あらためてかけ直す
ことを伝える

では、お戻りの頃、
お電話させていただきます

- 「何時頃お戻りでしょうか？」と時間を確認
- 相手の戻り時間がわからない場合は、「では、○○社の中村から電話があった旨（むね）をお伝えいただけますでしょうか？またこちらからあらためて電話いたします」と伝える

まず、用件は電話をかける前にまとめておきます。相手が電話に出たら、社名と名前を告げたあと、**「今、よろしいですか？」**または**「今、お時間は大丈夫でしょうか？」**というように、相手の都合を確認します。

メールやＦＡＸを合わせて活用する

複雑な用件や内容が複数にわたる用件を話す際、電話だけでは相手にきちんと伝わらない場合もあります。複雑な内容を伝える場合は、書面や資料をメールやＦＡＸで送ってから、電話をかけて打合せをするとスムーズです。

また、口頭では誤って伝わりやすい数字や金額や重要な用件は、電話のあとに要点をまとめたものをメール等の文書で送るとよいでしょう。あらためて文書にすることで、相手とのすれ違いを防ぐことができます。

早口に気づいたら、鼻呼吸で「間」を取る

相手に電話がつながり、いざ会話が始まると、緊張のあまり早口になる人がい

るようです。早口での会話は内容が正確に伝わりにくく、相手に何度も聞き返させることにもなりかねません。

言葉だけが頼りの電話の応対において、早口はなるべく改善したいものです。そこでひとつの解決策を。会話中、早口になっているのを自覚したら、少し「間」を取ってみましょう。

一気にしゃべりたいのを我慢して、腹式呼吸をします（94ページ参照）。口を閉じ、鼻からしっかり空気を吸います。早口の人は、口呼吸をしながら話す人が多いようです。すると、呼吸が浅くなり、間がうまく取れずにしゃべり続けることになります。

電話をかけるときは、ぜひ鼻で呼吸をしながらしゃべるようにしてください。声が大きくなり、適度な「間」が取れるようになります。何より、気持ちに余裕ができるのが、最大のメリットです。

名刺交換のマナーと自己紹介のコツ

名刺交換は相手の心に印象づける絶好の機会

初対面の相手と仕事で会ったときの「名刺交換」は、相手に自分を知ってもらうための最初のステップです。

ビジネスパーソンなら当たり前のように行っていますが、名刺は、相手とのコミュニケーションを図る大切なビジネスツール。自分の名刺も相手の名刺も、大切に扱いましょう。枚数が切れていないか、折れたり汚れたりしていないか、日頃からひんぱんに確認するくせをつけておきます。

名刺交換は、初対面の相手に好印象を与え、人間関係を深めるきっかけづくりになります。マナーをしっかり身につけて、スマートに行いましょう。

POINT

覚えておきたい名刺交換のマナー

① 交換の順番

・複数の人が名刺交換する場合は、役職が上の人から行う

・名刺を渡す際は、目下からあるいは訪問者から渡す

② 名刺を受け渡すとき

・相手の正面に立ち、名刺を相手側に向けて差し出す

・読み方がわからない場合は「失礼ですが、なんとお読みすればよいのでしょうか？」と確認

・名刺がなかったら「申し訳ありません、ただいま名刺を切らしております」と詫びて、後日渡すか手紙を添えて郵送

③ 打合せ中の扱い方

・交換した名刺はすぐにしまわず、打ち合せ中はテーブルの上に置く

・打合せが終わったら、受け取った名刺は名刺入れに丁寧にしまう

初対面の緊張をほぐすコツは、相手をフルネームで呼ぶ

名刺交換をしたら、まず相手の名刺を見ながら、所属と名前をフルネームで復唱します。

じつは、フルネームというところがミソなのです。たいていの人は職場において、姓(苗字)ではなく名(名前)で呼ばれることはあまりないので新鮮に聞こえ、記憶に残ります。また、自分にとっても読み方を確認でき、声に出すことで相手の名前を記憶しやすいというメリットがあります。

さらに、相手が珍しい苗字だったり、目新しい部署名だったりしたら、しめたものです。

「珍しいお名前ですね。どちらのご出身なのですか?」

「○○県の出身です。このあたりには同じ苗字が多いんですよ」

「そうですか。○○県には出張でよく行きますが、今度、注意して表札を見てみます」

また、

「あまり聞いたことのない部署名ですが、どのようなお仕事をされているのですか？」

「この肩書は、どのような立場なのですか？」

などの質問で得られた相手の答えに対して、

「そうなんですか！　すごく最先端のお仕事をされているんですね」

といった具合に広げていけば、初対面であっても会話がはずみます。

名刺交換で会話を盛り上げるコツは、「相手を喜ばせること」です。自分の名前や部署名が話題に上れば、相手は悪い気はしません。さらに、問いかけに答えることで、初対面という緊張感から解放されて、質問者に親近感が生じる効果もあります。

メールを送るときのマナー

画面の先には「相手がいる」ことを忘れずに

メールは内容が正確に伝わり、記録にも残るほか、電話のように相手の都合をあまり気にせず送受信できるので、今やビジネス上のコミュニケーションになくてはならない存在です。しかし、文章の書き方しだいで相手の気分を害したり、トラブルを招いたりしがちです。

ひとつの例を挙げてみましょう。出勤してメールをチェックしたところ、取引先から「○日の全体会議は都合により△日に延期になりました」というメールが入っていました。たしかにこの文面でも用件は伝わります。ですが、まるでメモ書きのような味気ない文章です。なぜだかわかりますか？

このメールにはあいさつが抜けているのです。「おはようございます」または「お疲れさまです」といったあいさつから始まり、文末に「（こちらの都合で申し訳ありませんが、）よろしくお願いします」と添えるだけで、受ける側の印象はぐんと違ってきます。

メールは表情も声も伝わりません。「相手にどう伝わるか」「相手はどう受け取るか」をつねに意識することを忘れないようにしましょう。

また、手軽に使える一方で、急な要件や直接会って話すべき内容までメールで済ますことがないよう、注意も必要です。

あいさつを添えるだけで、ぐんと好印象に

いつもお世話になっております。
□□社の鈴木です。
○日に予定していました次号の全体会議ですが、
都合により△日に延期となりましたので、
ご連絡申し上げます。
日程変更に伴い、ご迷惑おかけいたしますが、
どうぞよろしくお願いいたします。

来客・訪問時の会話マナー

来客は、自分の担当でなくても快く迎える

オフィスに受付がない場合は、従業員全員が受付の役割をする必要があります。来社したお客様があなたの担当ではなくても、快く迎えましょう。覚えておきたい手順と言葉遣いをご紹介します。

①お客様が来たのが見えたら仕事の手を止めて立ち上がり、「いらっしゃいませ」と出迎えます。会社名と名前、自社の誰に用事があって来たのかを確認し、復唱します。**「○○物産の高橋様でいらっしゃいますね。お待ちしておりました（いつもお世話になっております）。田中でございますか。少々お待ちください」**と言ってお客様に待ってもらいます。

②担当者に来客の旨《むね》を伝え、指示を仰ぎます。お客様に行き先を伝え、誘導し

ます。その際、行き先を手の平を上に向けて示します。
③応接室に着いたら軽くノックをして、中に誰もいないことを確認しましょう。入室したらお客様に上座を指し示し、**「田中はまもなく参りますので、どうぞ奥の（そちらの）お席でお待ちください」**と断ってから退室します。

訪問の際は、時間を取ってもらったことに感謝を表す

お客様を訪問する際は、「相手は自分のために時間を割《さ》いていてくれている」ということを心に留めておきましょう。
①訪問先には5分前に到着し、冬場であれば、会社に入る前にコートやマフラーは脱いで手に持ちます。受付で会社名と名前を告げ、訪問相手の名前とアポイントの時間を述べて取り次いでもらいます。
②訪問時には、**「本日はお時間を取っていただきまして、ありがとうございます」**と、感謝の言葉を述べます。用件が済んで退出するときは、もう一度、時間を割いてもらったことにお礼を述べることで、相手への印象をよくします。

007

困ったとき、すぐに役立つフレーズ集

言い回しひとつで、相手に与える印象がガラリと変わる！

ビジネスシーンにおいて、想定外の場面や困った状況に遭遇したとき、また、目上の人や得意先の人に何かを頼んだり、断ったりしなければならないとき、その場にふさわしい話し方をすれば、その後の会話がスムーズに進むだけでなく、ビジネスマンとしての評価もアップします。ここではシチュエーション別に知っておきたい「お役立ちフレーズ」を集めました。

基本的にはどのフレーズも、相手の感情を和らげると同時に、こちら側の意図や依頼を比較的すんなりと通したいときに使うものです。さまざまな場面で応用がきくので、覚えておきましょう。

Phrase 1

忙しい人に頼みごとをする

「ご多用中とは存じますが…」

相手の都合や状況を配慮した表現で、このあとに頼みたいことを続けます。つい、「お忙しいとは思いますが…」と言ってしまいがちですが、上司や目上の人に頼むときは、より丁寧な表現を心がけます。

Phrase 2

無理なお願いをする

「無理を承知で申し上げるのですが…」

「仕入れ値をもう少し下げていただけないでしょうか」のように、無理な状況であることはわかっているけれども、事情があってぜひとも聞き入れてほしい、という気持ちをしっかりと伝えます。

Phrase 3

仕事の依頼や誘いを断る

「せっかくお声をかけていただいたにも関わらず恐縮ですが…」

最初から「できません」「行けません」と否定の言葉を使うことなく、やんわりと断るときの言い回し。このあと、「本日ははずせない用がありまして」のように、「できない」or「行けない」理由を説明します。

Phrase 4

理解してもらいたい

「お汲《く》み取りください」

「厳しい現状をどうかお汲み取りください」という具合に、こちらの気持ちをわかってほしいと切望するときに使うフレーズ。表情にもそういうニュアンスを込めるようにしましょう。

Phrase 5

納得してもらう

「ご納得していただけましたでしょうか」

「このような事情(経緯)でしたので」と事情や理由を説明したあと、「ご納得いただけましたでしょうか」と続けます。肯定的に語りかけることで、その後の話し合いがスムーズに運びます。

Phrase 6

どうしても承諾してもらいたい

「ご高承を得たく存じます」

言葉自体は〝そこを何とかお願いします〟というニュアンスですが、相手を敬うとこのような表現になります。おもに手紙やメールで使います。「難しいとは存じますが、ご高承を得たく存じます」のように使います。

Phrase 7

誤解を招いてしまった

「言葉が足りず申し訳ありませんでした」

説明不足で誤解を招いてしまったり、相手に迷惑をかけてしまったときなどに使う謝罪のフレーズ。「私の言葉が足りず、伊藤様には多大なご迷惑をおかけしました」というように使います。

Phrase 8

相手の意見に反対する

「そのご意見はごもっともですが…」

相手の意見に賛同したように思わせて、じつは自分は違うときに使います。相手の意見をいったん受け入れているので、その後の自分の話につなげやすくなります。

Phrase 9

相手を怒らせてしまった

「ご気分を害してしまい…」

「先日の会議では、ご気分を害してしまい申し訳ありませんでした」など、相手に失礼なことを言い、深く反省していることを伝えるときに使います。間違っても、「怒らせてしまってすみません」などと言ってはいけません。

Phrase 10

相手にミスを指摘された

「ご親切にご指摘をいただき…」

「ご親切にご指摘をいただき、まことにありがとうございます」と指摘されたことに対する感謝の言葉を述べ、「以降、気をつけるようにいたします」と続け、ミスをくり返さない決意を表します。

Phrase 11

自分ひとりの判断では答えられない

「恐れ入りますが…」

「恐れ入りますが、その点は私ではわかりかねますので、上の者とも相談をしまして、後ほどご連絡させていただきます」など、即答、即決できないときでも、相手に失礼に当たらないフレーズです。

Phrase 12

早く話を切り上げたい

「次の予定がありますのでそろそろ失礼します」

打ち合わせや電話の際、本題は終わっているのに雑談などで話を長引かせる相手に対して使います。時計や手帳を見ながら言うとさらに効果的。ただし、タイミングを見計らって言いましょう。

Phrase 13

支払いを催促する

「行き違いかもしれませんが…」

「行き違いかもしれませんが」とワンクッション置いてから、「入金がまだのようですが……」と語尾をにごし、やんわりと支払いの催促をします。入れ違いのときもあるのであくまで低姿勢で。

Phrase 14

飲めないのにお酒に誘われた

「不調法なもので…」

「飲めない」と拒絶するのではなく、自分を低めて相手にそれ以上すすめられないような言い回しです。「不調法なもので、おつき合いできず申し訳ありません」と頭を下げながら言えば、相手も誘うのを遠慮します。

Phrase 15

贈り物を断るとき

「お気持ちだけ受け取らせていただきます」

まずは相手の厚意に対してきちんとお礼を。「ありがとうございます。ご厚意を無にするようでまことに心苦しいのですが、じつは当社では贈答品はいただかないという規則がありまして、お気持ちだけ……」というように使います。

Advice

語呂合わせで覚える会話のコツ 04

正確に伝えるための「け・ち・す・る・な・い」

報告事項をよりスムーズに、正確に伝えるためのポイントです。

け

結論、結果から

上司にも仕事があるので、手短かに結論、結果から。

ち

中間報告を怠らない

途中経過を報告することで、間違った方向に進んでいたら、軌道修正できます。

す

速やかに報告

トラブルや悪い報告ほど速やかに。信頼度がUPします。

る

留守のときはメモを

タイムラグを防ぎ、相手にきちんと伝えるためです。

な

内容を整理してから

結果→理由→経過の順番で、不明点や疑問点を洗い出してから報告します。

い

意見と事実は分けて

上司が意見を事実と取り違えて判断するのを防ぎます。

Chapter 5

Improve Business Communication

仕事がうまくいく！ 聞き方・話し方

Improve Business Communication

001

いい職場を作る会話のヒント

「ホウ・レン・ソウ」の徹底はビジネスの鉄則

職場でのコミュニケーションに欠かせないものとして、よく言われるのが『ホウ・レン・ソウ』の徹底」です。『ホウ・レン・ソウ』とは「報告」「連絡」「相談」の頭文字を取ったもので、上司や同僚との関係を円滑にするために必要不可欠です。

中でも最も大事なこととして位置づけられているのが「報告」です。「報告」は上司の「指示・命令」に対して行われる行為で、日常生活に置き換えれば、「あいさつ」に対する「返事」のようなもの。あいさつをされたのに返事を返さずにいたらどうでしょう？　ずいぶん無礼な人だと思われますね。

「報告」がきちんと行われていないと、どのようなことが起きるか、ひとつの例とともに検証してみましょう。

新入社員のAさんは入社してから半年で、新規商社との取引交渉を担当することになりました。上司はAさんの営業力を評価し、任せることにしたのです。

はじめのうち商談は順調に進んでいましたが、しだいに雲行きが怪しくなってきました。困ったAさんは上司に相談に行こうと思いましたが、「この仕事は自分に任されたのだから、自分が責任を持って対処しなければならない」と考え直し、相談にも行かず、経過も報告しませんでした。

あるとき、上司から「あの商談はど

「ホウ・レン・ソウ」は職場のコミュニケーションに欠かせない

うなっている?」と催促されて初めて、Aさんは状況を伝えました。あわてた上司が先方に赴《おもむ》きましたが、ときすでに遅し、その商談は失敗に終わりました。

Aさんがもっと早い時期に上司に報告をしていれば、最悪の結果にならずに済んだかもしれません。上司も、Aさんから経過報告がないので気になっていましたが、何かあれば必ず報告があると信じて待っていたのでした。

ビジネスにおいて、報告は大切な仕事のひとつです。「こんな小さなことは報告しないでもいいだろう」とか、「仕事が終わったら(仕事の区切りがつくごとに)まとめて報告すればいいだろう」などと、勝手な判断をしがちですが、些細《ささい》なことでもこまめに、そして迅速《じんそく》に報告するのが鉄則です。

あいさつや雑談で「ホウ・レン・ソウ」しやすい環境作りを

先の事例の場合、報告を怠《おこた》ったAさんの責任は逃れられませんが、何かあれば報告があるはずと待ちの態勢でいた上司にも問題はあります。

人は往々にして、〝自分ができることは相手もできるはず〟と思い込みがちです。Aさんの上司は、「何かあったら上司に報告するのが当たり前」というビジネスの鉄則を知っているので、Aさんも同じことをするに違いないと、勝手に思い込んでいたのです。

仕事を任せることを伝えたときに、「進捗《しんちょく》状況は逐一《ちくいち》報告するように」「困ったときはなんでも相談に乗るよ」など、Aさんの負担を少しでも軽くするような言葉をかけておけばよかったのです。

部下にしても、仕事をしていると、自分ひとりで判断できないことが出てきます。迷ったら、「何を迷っているか」「なぜ悩んでいるか」を相談することですが、とくに、忙しそうな上司には声をかけづらいものです。

このようなときこそ、日頃のコミュニケーションがものを言います。始業・終業後のあいさつはもちろん、仕事の合間のちょっとした雑談も、親近感を深め合うのに有効です。相手と意識的に距離を縮める努力をし、当たりさわりのない話題から自分の意見を言い合える環境を作ることで、「ホウ・レン・ソウ」が活発に行われる環境が整います。

相手に気持ちよく引き受けてもらえる「依頼」

忙しそうな同僚や上司、得意先などに依頼するときは？

ビジネスシーンでは、仕事を依頼する立場になることがよくありますが、人に何か頼みごとをするのは、意外と難しいものです。

忙しそうな同僚や気難しい上司、得意先など目上の人に業務の協力を要請するときなどは、とくに言葉をかけづらいと感じるのではないでしょうか。

そこで、こちらの話の通りがよくなり、相手がつい「引き受けてしまう」依頼のコツを、3つご紹介しましょう。

① マジック・フレーズで先手を打つ

「マジック・フレーズ」については28ページでご紹介しましたが、ここでは、本題に入る前に、**「お忙しいところ恐れ入ります。じつは……」**という具合に使います。

3つのポイントを押さえ、依頼を引き受けてもらう

さらに、話の区切り区切りで、**「ありがとうございます」「助かりました」**といった感謝の言葉を口にするのも効果的です。このフレーズを先手で入れるだけで、不思議と相手は耳を傾けてくれます。

② 相手の自尊心をくすぐる

たとえ相手が部下であっても、「これ頼んだぞ」などと横柄《おうへい》な頼み方はNG。まず相手の都合を聞いてから、**「○日までにこれを仕上げてもらいたいのですが、やってもらえますか?」**と丁寧に依頼します。

無理を承知で依頼するときなど、

「無理なお願いであることは重々承知しています。でも、仕事が正確で早い○○さんだからこそ、お願いするのです」といった具合に、相手の状況をきちんと理解していることや、相手の才覚を見込んでの依頼であることを伝えれば、頼まれたほうも悪い気はしません。

③ 依頼内容ややり方を具体的に示す

「君の時間の空いたときでいいよ」「そんなに急いでいないけど……」と相手の都合に任せる言い方は、一見、配慮があるように聞こえます。

しかし、おおまかな内容しか伝えていないと、かえって相手は負担に感じたり、自分にできるかどうか不安に感じて、引き受けてもらえないかもしれません。

依頼するときは、ひとりよがりで抽象的な表現はできるだけ避けるのが鉄則。「いつまでに」「何を」「どのように」やってほしいか、相手にきちんと伝えて、具体的に折り合いをつけるようにしましょう。

以上の3つの方法を上手に会話に取り入れて、相手に気持ちよく仕事を引き受けてもらいましょう。

POINT

依頼の3つのポイント

① マジック・フレーズで先手を打つ

たとえ相手が目下でも、相手の都合や気持ちを
尊重していることを示す

➡「差し支えなければ〜していただけませんか?」
➡「恐れ入りますが〜」

② 相手の自尊心をくすぐる

人は、頼りにされてると感じると引き受けようと思う

➡「経験豊富な方でないと
難しいと思いまして……」
➡「身勝手なお願いではありますが、
伏《ふ》してお願い申し上げます」

③ 依頼内容ややり方を具体的に示す

依頼者とこまめに連絡を取り、
進捗を確認するとともにフォローの姿勢を見せる

➡「進めていただきありがとうございます。
その後、何か変わったことはありませんか?」
➡「わからないところがあれば遠慮なく
聞いてください」

相手を動かす会話のコツ②

相手に自発的に動いてもらう「説得」

動こうとしない人をその気にさせるには？

人を説得するのが難しいのは、「相手の自発行為を促すコミュニケーション」でなければならないところ。その気にならない人や、動こうとしない人の意識を変えるのは、そう簡単にはいきません。

そのような人に働きかけるときの、3つのポイントをご紹介します。

① 勝手に決め込まない

説得する側が「自分は絶対に正しい！」「こんないい話を断るはずがない！」と勝手に決め込んで説得しようとしても、相手が動いてくれるとは限りません。

そうではなく、なぜ相手がその気にならないのか、どうして動こうとしないのか、その理由を探るところから始めるのです。そのためには、相手に話をさせることがポイント。理由がわかれば、どの方向からのアプローチで相手の気持ちが動くかが見えてきます。

②結果を示して相手の心をつかむ

私たちは人から何かを勧められたとき、「それによって何がどう変わるのか？」また、「どんなメリットが得られるのか？」といったことを考えます。つまり、結果を知りたいのです。

「結果を先に示す」という手法は、相手の気持ちをつかみ、説得するのに非常に有効な方法だと言えます。

③視点を変えて話し、相手に納得してもらう

相手に自発的に動いてもらうためには、相手に納得してもらう必要があります。ひとつ事例を挙げてみましょう。

部長のAさんはBさんに、少し面倒な仕事を依頼しました。Bさんはそれに対してこう言いました。

B「部長、この仕事、私の今の仕事とはずいぶんかけ離れているんですけど、なぜ

私なんですか？」

A「いいところに気がついたね。そういう気づきができるから、君にやってもらいたいんだよ」

B「はあ……ですが、私がこの仕事をすることで、どういったメリットがあるのでしょうか？」

A「君個人にはメリットはあまりないかもしれないけれど、わが社にとってはものすごくメリットがあるんだよ。具体的には……」

このようにAさんは、仕事を受けるのを渋るBさんに対し、「会社の利益になる」という視点からアプローチしました。結果、Bさんは納得したうえで仕事を引き受けたのです。

相手を納得させるには、どのような切り口でアプローチをすればいいかが大きなポイントになります。先の例のように、個人ではなく全体（組織）として、ひとつ上の段階を見据えて話したり、「逆に考えれば～」「～とも考えられるのでは？」と、視点を変えるなどの工夫が求められます。

POINT

説得の3つのポイント

① 勝手に決め込まない

相手の話を聞き、相手が納得していないポイントや
効果がありそうなアプローチ法を探る

➡「なるほど、○○とお考えなのですね。では、
△△という方法もあるのですが、いかがでしょうか?」

② 結果を示して相手の心をつかむ

選択肢を設けて相手に選んでもらったり、完成予想図や見本品
を見せるなど、相手の視覚に働きかけるのも効果的

➡「AとBでしたら、どちらを選びますか?」
➡「弊社のこのシステムを採用して
いただきますと、○○や△△と
いったメリットがあります」

③ 視点を変えて話し、相手に納得してもらう

ひとつ上の段階を見据えたり、部分→全体と広げたり、
視点を変えることで、聞き手の気づきを促す

➡「君は一人前だけど、
一流を目指してほしいんだ」

004 ピンチを次につなげるための「謝罪」

取りつく島がない相手に、どう謝罪する？

さまざまな人間が関わるビジネスの場において、トラブルはつきものです。大切なことは、「トラブルにどう対処し、次につなげるか」です。

得意先に大きな損害を与えるなど重大なミスをしたとき、往々にして「どうすれば許してもらえるだろうか」ということを考えがちですが、怒っている相手にしてみれば、「ミスを認めて謝ることが最優先」と思っています。それがあって初めて次のステージ（説明・和解）にたどり着けるということを、まず肝に銘じておきましょう。

いきなり怒鳴られたり、敵意をあらわにして延々と苦情を言われたりしたら、逃げ出したくもなりますが、中途半端な謝罪や逃げ腰の対応は、ますます相手

POINT

謝罪の手順

Apology 01

上司に報告する

まずは上司に報告し、今後の対応などの指示を仰ぐ。叱責を恐れて報告を怠ったり、事実を曲げて伝えたりすると、状況をより悪化させてしまうので注意

↓

Apology 02

相手に謝罪する

次の2点に注意しながら、相手に誠意を持ってお詫びの言葉を述べる

◯相手の立場や気持ちに目を向けた共感的な表現を用いる

「お怒りの理由はよくわかります」

◯ミスが起こった事実と原因を説明する

「〜という理由で、このような結果になりました」

↓

Apology 03

再発防止策を伝える

ミスの原因を究明したうえで、再発させない意志と今後の対応策を提示する

「今後は必ず、このような体制で対処します。
このたびは大変申し訳ありませんでした」

の感情を損ねます。

「反論」「責任転嫁」「形だけの謝罪」は厳禁

「誤りを正す最大の方法とは、誤りを認めること」という言葉がありますが、謝罪の際には頭に入れておきたい言葉です。

たとえ自分だけのミスでなかったにしても、「たしかにこちらに非はありますが、そちらも……」と反論したり、「今回は上司から指示されたことなので、私にはよくわかりません」と責任転嫁《てんか》したり、相手の言葉をさえぎると、火に油を注ぐような結果になりかねません。

形だけで気持ちがこもっていない謝罪も同様。状況をますます悪化させてしまいます。

最初の応対がうまくいかずにこじらせてしまうと、担当者がすぐに謝罪に伺うと言っても相手は「来なくていい！」と取りつく島がないような状況に陥ってしまいます。相手の感情を少しでも和らげるには、どう対処するべきでしょうか。

そのようなときは「直接お会いして、お詫びをさせてください」など、何度でも電話をして、直接の面会を求めるか、どうしても会ってもらえないときは丁寧なお詫び状を送ります。こちらの誠意が伝われば、相手はなんらかの反応をしてくるはずです。

そのうえで、相手の話の腰を折らずに感情を吐き出してもらい、怒りの理由を聞きます。あとはしっかりと自分の起こしたミスを反省し、解決策を練ることが、結果的には解決への近道になります。

誤りを認めて謝ることが最優先

相手を不快にさせない「断り」

「できない！」と拒絶したり「悪いなあ」と思っていない？

相手からの要望や依頼に応えられない場合、断り方を間違えると先々まで気まずい関係になりかねません。事情があっても、相手の気持ちを損《そこ》なわないような配慮が必要です。

世の中には、できないものはできないと言うのが誠意と考える人もいるようで、けんもほろろに断る人がいます。一方で、「断るのは悪いなあ」と、引け目を感じる人もいます。相手の気持ちに目を向けないのも、「断り＝拒絶＝悪いこと」と考えるのも、どちらもよいとは言えません。

断ることは決して悪いことではなく、相手に別の提案をして、別の視点に目を向ける「逆説得」と考えてみましょう。そう考えると、上手な断り方が見えてきます。

「相手のため」というスタンスを忘れずに

実際に「断り」の上手な人の話し方には説得力があります。それは、次の3つのポイントを押さえているからです。

① いったんは相手の言い分を預かる

仮に不可能な依頼なり要求だとしても、いったんは相手の言い分を預かり受けます。相手には、こちらに依頼してくる理由が必ずあるはずです。そして後日、**「上司とも相談してみましたが……」「こちらの線も当たってみたのですが……」**と前置きをしてから、丁重に断ります。

② 断るときも相手の気持ちを汲む

無下《むげ》に断って相手を感情的に怒らせてしまう人がけっこういますが、「できません」「前例はありません」といった言い方は、相手の自尊感情を傷つけます。

「事務的な言い方で恐縮ですが、ご理解いただけますでしょうか」「こちらの勝手

な言い分に聞こえるようですが、お客様のためにもこれが最善の方法かと思います」など、相手の気持ちを汲《く》んだ「あなたのため」というスタンスで断ります。

③ 断る理由を説明する

「申し訳ないのですが、今抱えている仕事で手いっぱいなんです」など、断わらざるを得ない理由をきちんと説明します。

同じ内容でも言い方ひとつです。このような手順を踏めば、こちらがきちんと検討したという誠意が相手に伝わり、断られたにしても気持ちよく納得してもらえるでしょう。

どれだけ上手に断れるかは、自分にどれだけ説得力があるかを知るバロメーター。上手な断り方を習得するのは、あなた自身も会社にとっても、大きなメリットになります。根底には、「相手のため」というスタンスがあるということを忘れないでください。

POINT

断るときの3つのポイント

① いったんは相手の言い分を預かる

相手の要望をすべて聞き、相手の気持ちを受け止めるのが第一。
相手を拒絶するフレーズは使わないか後回しにする

× 「規則なので」「決まりですので」

② 断るときも相手の気持ちを汲む

相手を思いやる気持ちや
態度で接し、「相手のため」というスタンスで断る

○ 「大変残念ではございますが、今回は……」
「お力になれなくて申し訳ありません」

③ 断る理由を説明する

「別の方法もありますが、いかがですか?」と
代案を提示してもよい

○ 「週明けなら時間に余裕ができるので、
これくらいの分量ならできるのですが……」

006

双方がよかったと思える「反論」「交渉」

相手の気分を損ねずに反論するには？

考え方やものの見方は、立場や性格によって違うのが当たり前ですが、相手の意見に反論をするとき、「私はそうは思いませんけど」と頭ごなしに否定してしまっては、相手を不快な気持ちにさせてしまいます。あなたが正論を述べるほど、「もっともだから腹が立つ」という言葉に表されるように、相手が感情的になってしまう場合があります。

相手の気分を損ねずに反論するには、どのようにすればいいのでしょう。

そんなときは、「Ｙｅｓ，ｂｕｔ」法を使ってみてください。相手の意見や立場にいったん「Ｙｅｓ」の意思表示をしてから、「ｂｕｔ（でも）…」と反対意見を続けるテクニックです。

自分の意見を受け止めてもらえたとわかれば、次の「ｂｕｔ」から始まる反論も、相手は受け入れやすくなります。

「反論」で大切なポイントは、双方の意見が食い違う場合でも、まずは、「相手の意見を最後までしっかりと聞く姿勢が大切だ」ということです。相手が話し終えるまでは途中で「ｂｕｔ」と口を挟まず、終始「Ｙｅｓ」の姿勢を心がけます。

これまでの「依頼」「説得」「謝罪」「断り」でもそうでしたが、反論の場でもやはり重要なのは、相手の意見を

「Yes,but」法でまず相手を受け入れる

私はこう思いますけど
あなたは
そう考えるんですね

「聞く力」なのです。

相手が厳しい条件を押しつけてきたら、どう交渉する？

「交渉」は双方の意見が対立し、相手と条件がうまく折り合わないとき、または相手に条件を断られたときに必要なコミュニケーションです。

その手順は、①対立部分を明確にする→②対立を調整する→③双方がともに満足のいく合意を形成する、です。

交渉の際に注意したいのは、相手が厳しい条件を押しつけてきたときに、どのように対応するかということ。

相手の勢いに押されて簡単に譲歩してしまっては、交渉にはなりません。「Ｗｉｎ－Ｗｉｎ（双方ともに都合がいい、利益になること）」の結果になるように話をまとめるのが、よい交渉です。

そのための秘訣は、相手が「はい」「いいえ」だけで答えられない質問をして、相手の要望をできるだけ詳しく聞き出すことです。

なぜ
安くしたいのですか？
なるほど、そういった理由が
あるのですね
では、こちらのサービスを
導入されてはいかがでしょうか

「交渉」のコツは相手の要望を詳しく聞き出すこと

これは76ページでもご紹介した「オープンクエスチョン」という聞き方です。「安くしたいのですね？」ではなく、「なぜ安くしたいのですか？」と理由を聞き出すことで、相手の要求をかわし、けんか腰にならずに交渉しやすくなります。

理由を聞くことで、価格を下げる以外に付加サービスをつけるなど、こちらで対応できることがあるかもしれません。お互いにとって利益につながる落としどころを探ることで、合意につながりやすくなります。

007

上司に評価される聞き方・話し方

「一所懸命やっているのに」「相談にのってくれない」と感じたら

会社帰りのサラリーマンが、飲み屋で話題にすることといえば？　そう、仕事や上司への不満です。「企画を提案しても、いつも頭ごなしに否定するんだ」「相談にのってもらいたいのに『そんなこともわからんのか！』と言われた」……など、挙げたらきりがありません。

でも、飲み屋で愚痴をこぼし合っているだけでは、上司の態度は変わりません。その前に、上司には上司の言い分があると考えたことはありませんか？　非は相手だけでなく自分にもあるかもしれないということに気づき、自分から態度や話し方を改めれば、上司への不満も解消し、上司からの評価も変わってくるかもしれません。

CHECK LIST

上司が嫌う部下の態度
聞き方・話し方 チェックリスト

ちょっとした言動で損をしているかもしれません。
思い当たることがないか、チェックしてみましょう

【態度】

- □ 体がふらふら動く→うわついて見える
- □ ふて腐れた表情をする
→気持ちは態度に表れる。やる気はあるのか？
- □ 話をしているときに腕を組んだり後ろ手で聞く→態度がデカい
- □ 話をしているときに目を見ない、反応がない
→話をちゃんと聞いているのか？ わかっているのか？

【聞き方・話し方】

- □ 話の途中で「でも〜」と否定する→失礼なヤツだ！
- □ ぼそぼそとした話し方、語尾を濁す→自信がないと見られる
- □ 表現があいまい→ビジネスはつねに具体的に話す必要がある
- □ 長文で「、」が多い話し方→何が言いたいか伝わらない

上司に好まれる相談の仕方は?

152ページでは「ホウ・レン・ソウ」のうち「報告」の大切さを伝えましたが、ここでは「相談」について触れたいと思います。

部下から相談されていやがる上司はいません。部下にとっても、上司の経験や知恵を教えてもらえる絶好のチャンスです。

相談の際は、「具体的に聞く」「自分の考えも述べる」ことがポイントです。「○○の件はどのようにしましょうか?」より**「○○の件は、このように進めようと考えているのですが、ほかに方法はありますか?」**という具合に聞きます。上司も思考の方向が限定できて考えやすくなります。

相談は、報告や連絡に比べて時間がかかることが多いので、相手が忙しい場合はあらかじめ時間を取ってもらいましょう。相談の最後に、時間を割いてもらったことに対して「ありがとうございます」のひと言も忘れずに。相談後の報告も必ずしましょう。相談された相手はその後を気にしています。

POINT

上司のタイプ別「ホウ・レン・ソウ」のコツ

「思いつきで指示を出す上司」
➡ 指示の変更を確認する

すぐに賛成して同調してくれますが、自分の考えも押しつけることも。指示をコロコロ変える上司には、「前にご指示いただいたのは○○でしたが、変更してよろしいのですね？」と、気まぐれをさりげなく気づかせる話し方をする

「融通がきかない上司」
➡ 前例や規則を引き合いに出す

規則や前例を気にする上司に対しては、「この事項は規則に照らし合わせたものです」「ほかの部署でも前例があり、高く評価されました」というようなことを伝えると、OKを引き出しやすくなる

「部下を信じることができない上司」
➡ 実施の前に念押しする

部下の言うことに耳を傾けない上司には、日頃からこまめに情報を提供し、何事も実施する前に念を押すことが大切。その情報が上司にとって大切であることを匂わせると、部下の話にも耳を貸すようになる

「部下に対して威張りたがる上司」
➡ 礼儀をわきまえ、「ホウ・レン・ソウ」をこまめに

他人の前でも部下を叱ったり威張ったりしがちでも、何か特別な感情でやっているのではなく、自分をアピールしたいだけ。人情味があるだけに、礼儀を欠いたり報告を怠ったりすると、信用を失ってしまう

部下を育てる聞き方・話し方

相手の名前を呼んであいさつをする

部下の最大の関心事は、上司からの評価です。自分が必要とされているか、どう思われ、評価されているか、部下は上司の言動から読み取ろうとします。したがって「上司の無関心」は、部下がやる気をなくす一番の理由です。さらに「君が失敗すると、私が責任を問われるんだよ」という自分の立場ばかり気にする言葉も同様です。

部下のやる気と能力を引き出すには、日頃の上司の部下に対する接し方が重要になってきます。傾聴の姿勢を持つ、上手にほめる、叱る……と、ポイントは多々ありますが、上司が「関心を持っている」ことを示す、とても簡単な方法を、ひとつご紹介しましょう。

それは朝のあいさつや感謝の言葉を述べるときに、**「山田さん、おはよう」「ありがとう、佐々木さん」**と、相手の名前を呼んで行うことです。

人は名前を呼ばれると、呼んでくれた人に親近感を持ち、自分は大切にされていると感じます。日常の何気ない雑談の中でも、積極的に名前を入れて会話してみましょう。

上司が名前を呼んであいさつすることを習慣にすれば、それはやがて部下にも伝わります。きっと、職場全体のコミュニケーションが活発になっていくことでしょう。

名前を呼ばれると相手は親近感を持つ

部下のやる気と能力を高める「ほめ方」3つのポイント

① 欠点に着目せず、長所を認める

本人が気づいていないことや、劣等感を感じているところを長所ととらえて認めることで、部下に自信がつき、やる気や能力が高まります。心からの言葉として伝わるように、どんなところがよかったのかを具体的に伝えることです。

② タイミングをつかむ

部下が仕事がうまくいっているのを喜んでいるときや、失敗して落ち込んでいるときに長所を認めてほめたり、または本人のいないところでほめるなど、「相手がうれしく思う」タイミングでほめます。

③ 当たり前のことでもほめる

「あいさつがさわやか」「デスクの整頓が上手」など。急にほめようと思っても、的を射たほめ方をするのは難しいものです。日頃から相手の長所を見る習慣をつけるとよいでしょう。

部下の失敗を挽回し、励ます「叱り方」3つのポイント

「叱る」とは、相手のことを思って何が間違っているのかを諭《さと》し、相手の成長を促すためのもの。信頼している上司から叱られると、自分のことを考えてくれていると感じ、同じ失敗をくり返さないようにしようと反省するものです。

① 日頃から部下とのコミュニケーションを大事にする

相手の反発や抵抗感を減らすことができます。

② 事実を確かめ、叱る理由を明確に示す

原因を部下から直接確認し、言い分を聞いたうえで対応します。叱るときは、なぜ叱っているか理由・根拠を相手にしっかり伝えることが欠かせません。

③ 1対1で、相手が受け入れやすい表現で

他人の前で恥をかかせるような叱り方はNG。また、「私もよくやるから偉そうなことは言えないけど……」など、相手が叱責を受け入れやすい言い方をすることも大切です。

Advice

語呂合わせで覚える会話のコツ 05

相手の気持ちをつかむ「つ・か・み・し・こ・う」

話の切り出しで、相手によい印象を持ってもらい、本題(自分が伝えたいこと)をスムーズに伝えるためのポイントをご紹介します。

つ　つなげるような導入で

本題につながるような話の切り出し方を考えます。

か　関心事に働きかける

相手にとって興味・関心があることを話題にするのは、相手の気持ちをつかむ一番の方法です。

み　身近な話題から入る

天気など、相手が受け答えしやすい話題のほうが、会話がはずむこともあります。

し　質問から入る

相手の関心事を知ったり、理解度を確認したうえで、相手に合わせた話し方をします。

こ　項目を予告する

これから話す内容のポイントをあらかじめ伝えることで、聞き手の集中力を高めます。

う　動いてもらう

耳で聞くだけでなく、実際に行動してもらうことで、理解が深まります。

Chapter 6

Make a Relationship Work

人間関係がうまくいく！ 聞き方・話し方

身近な人とのやりとりこそ、会話の盲点

会話で「油断」「無精」をしていませんか？

会話で、意思の疎通《そつう》ができなかったり気まずい思いをした相手というのは、意外に身近な存在であることが多いもの。家族や職場の人間という身近な人とのコミュニケーションでは、油断や無精をしがちなのです。

こんな話があります。Aさんは母親から、「重たい粗大ごみを出したいので、土曜日に手伝いに来てほしい」という電話をもらいました。あいにくAさんは土曜日には用事があったので、そのことを伝えました。母親は、「じゃあ仕方ないわね」と言って電話を切りました。

そして日曜日の朝、「今日は来てくれるでしょ。待ってるからね」という電話があったのです。Aさんは、「『仕方ないわね』と言ったから、もう手伝わなくてもい

日曜日でいいか
もう手伝わなくていいんだな

口に出せば誤解やすれ違いを防げる

いと思って、友達と約束しちゃったよ」と口論になってしまったそうです。

この場合、Aさんにもお母さんにも、確認を怠《おこた》るという「油断」がありました。お母さんは、「土曜日がダメなら日曜日に来てくれるはず」という思い込みをしていましたし、Aさんは Aさんで、「じゃあ日曜日は来られる？　と聞かれなかったから、行かなくてもいいのだろう」と勝手に判断しました。

どちらかが「日曜日は……」と口に出していれば、このようなすれ違いは起きなかったはずです。

日本人どうしだと、「察し型」のコミュニケーションが当たり前のようになっています。俗にいう「阿吽《あうん》の呼吸」です。しかし、相手が誰であれ、「言わなくてもわかるだろう」などと思わないことです。

「ありがとう」「何か手伝いましょうか」「すみませんでした」という簡単な言葉でさえ、いくら心の中でつぶやいていても相手には聞こえません。「口に出してこそ相手に伝わる」ということを忘れないようにしましょう。

小さなことでも、よい言葉は「口に出す」

ビジネスではきちんと「ホウ・レン・ソウ」を心がけていても、身内以外の人には気を遣って話をしていても、身近な人にはうっかりネガティブな言葉を使ってしまうことはないでしょうか？

「また！（同じことを言わせて）」「いつも～なんだから」「なんで～なの？」と、相手を責める口調になったり、「だから言っただろ」「やっぱりな」と上から目線の物言いをしたり。相手の気持ちを逆なでする余計なひと言を発してしまったために、口論になったり、関係が悪化してしまうこともあります。

言葉はその場の雰囲気をガラリと変え、人間関係を豊かにも貧しくもします。

以前、こんなことがありました。職場で、女性が窓の外を見ていました。彼女は夕方から社外での話し方講座を担当していたのですが、急に激しい雷雨になったため、出かけるのを憂鬱《ゆううつ》に感じていたのです。

私はその様子を見て「頑張ってね！」と声をかけたのですが、彼女は「他人事だと思って……」と言わんばかりの表情でした。ところが、その場にいたベテラン講師が**「受講者が君を待っているよ！」**と視点を変えて言ったとたん、彼女の表情がパッと明るくなりました。そして、「そうですね！　行ってきます」と、元気に事務所から出ていったのです。

たったひと言が、相手の心を晴れやかにし、その場の雰囲気を明るくします。この例のように、いつも気のきいた言葉をかけるのは難しいかもしれません。けれども「ありがとう」を口に出す習慣をつけるなど、小さなことが積み重なって、気持ちのいい人間関係が築かれるのではないでしょうか。

信頼関係を築く会話のスタンス

毎日の会話で気をつけたい3つのポイント

会話は言葉のキャッチボールです。うまく投げられるときもあれば、的外れな言葉を投げてしまうときもあります。また、言い方によっては相手を傷つけたり、恥をかかせたりしてしまうことも……。言葉のかけ違いのせいでうまくいっている人間関係を台なしにするのは、もったいない話です。

そうならないために、日頃から相手と信頼関係を築く会話を心がけましょう。気をつけたいポイントは、次の3つです。

① 肯定的な表現を使う

本の冒頭からすでに何度かお伝えしていますが、私たちは、自分を認めてくれたうえでの相手の言葉は、受け入れやすいのです。

肯定的な言い方をすると人間関係がうまくいく

左に、遅刻した相手にかける言葉を2パターン記しました。受け取り方の違いを比べてみてください。

「ダメじゃないか、遅れて！」➡（遅れた理由を聞いてくれてもいいのに……）

「ずっと君を待っていたんだよ」➡「ごめんなさい。じつは電車が……」

どうですか？　否定的な言い方をされるとむっとすることでも、肯定的に言われると、素直に気をつけようという気になりませんか？

「会話ではつねに肯定表現を使う」と覚えておきましょう。

②可能性を追求する

灼熱《しゃくねつ》の砂漠で水筒の水を「もうこれしかない」と思うか「まだこれだけある」と思うか。要は心のありようです。同じ状況でも見方を変えて、できるだけ「可能」な側面に目を向けましょう。

たとえば、「この書類が足りませんので、手続きできません」という言い方ではなく、**「この書類さえそろえば、すぐに手続きできます」**といった言い方にすると、相手の印象が変わってきます。

プライベートなら、子どもに対して、「まったく、片づけもロクにできないんだから！」ではなく、**「片づけができるようになると、物がどこにあるかわかりやすくなるし、気持ちがいいよ」**と先の可能性に目を向けるのです。

③効果を上げる表現を探す

たとえば、出かける前、身じたくに時間がかかっている妻に対して、「何やってるんだ！　早くしろよ！」「いつまで化粧してるんだ。遅いなあ」

などと、身近な相手であるほど、自分が思ったことをそのまま口に出してしまいがちです。

しかしこの言い方では、妻も「ちょっと待ってよ！」と、反発を感じるのではないでしょうか。そこで、このように言ってみたらどうでしょうか？

「そんなにきれいになってどうするんだ？」

少々、口にするのは照れるかもしれませんが、こちらのほうが相手も受け入れやすいと同時に、「しまった！急がなきゃ」という気になるのではないでしょうか。

相手が反発を感じる言い方は逆効果

初対面で会話を盛り上げるには

先に心を開くことで「会話」がはずむ

「おはようございます！」「こんにちは！」――さわやかな笑顔で「あいさつ」をされると、こちらまで晴れやかな気持ちになります。初対面での第一印象のほとんどは、「あいさつ」で決まるとも言われています。

あいさつや自己紹介でいい雰囲気になったら、次はどうコミュニケーションを取るかです。初対面の人についての知識は、ほぼゼロに等しい状況です。何を話せばいいのかわからず、言葉に詰まってしまいそうですが、それは相手も同じこと。それなら、自分から先にきっかけを作りましょう。

「会話の基本は相手に話してもらうこと」ですが、初対面の場合は少し事情が異なります。相手のことを早く知りたいという気持ちが強いせいか、プライベートなことを根掘り葉掘り聞き出す人がいますが、誰でも会ったばかりの人に自分のことをべらべら話す気持ちにはなれないものです。

相手に話させるのではなく、自分のことを先に話してみましょう。出身地や趣味など、共通の話題が見つかったら相手も心を開き、自然と会話も盛り上がります。

会話の中から共通点を見つける

初対面の相手と距離を縮めるコツのひとつに、「共通点を見つける」というものがあります。たとえば「同郷のよしみ」という言葉もあるように、出身地が同じという共通点は親しみがわきやすく、自然と話が盛り上がります。新たな人脈が育まれる可能性にもつながります。

共通点を探すきっかけには、一般的なニュースや今の世の中で話題になっている出来事、万人の関心が高い天気の話などを取り上げるといいでしょう。

そこから相手の考え方や好みなどを探り出し、お互いの共通点を見つけ、次の会話へと展開していくのです。

相手が乗ってきやすく、自分との共通点が多い話題として、次のページでご紹介する「ひろしのはなしかた」を覚えておくと便利です。このいずれにも興味がないという人は、ほとんどいないのではないでしょうか。

または、相手の外見や持ち物を観察して、その場で共通点を見つけるのも手です。たとえば、相手が大きな手帳を持っていたら「スケジュール管理は『手帳派』ですか？」と質問します。「そうなんです、予定を一覧しやすいので……」「私も手帳派なんですよ。見やすいですし、自分の手で書くと、記憶が確かになるような気がするんです」という具合です。

ところで、話が終わり別れるときにも、ぜひかけたい言葉があります。それは次の機会につなげる言葉です。

「またさっきの話の続きをしたいですね」「ぜひ、近いうちにまたお会いしましょう」。話がとても楽しかったことを伝えてから、このようなさりげない別れ際の言葉が、相手との距離をぐんと縮めます。

POINT

初対面の相手と共通点を探すには

日本人は農耕民族ということもあり、「天気」の話題があまりにも多いです。
間違いない話題ではありますが、今回は天気以外の話題でご紹介しましょう！

ひ 「人」に関する話
好き・嫌いなタイプ・性格等

ろ 「老若男女」「ロマンス」
初恋・好きなタイプの異性等

し 「仕事」「趣味」に関する話
業界・趣味・趣向等

の 「乗り物」に関する話
通勤電車・自家用車等

は 「はやり」に対する話
トピックス・流行等

な 「名前」にまつわる話題
名前の由来・読み方等

し 「出身地」「住宅」に関する話
特産物・土地柄・慣習・多世代住宅等

か 「家族・家庭」に関する話
同居・兄弟・両親等

た 「旅」「食べ物」に関する話
海外旅行・ひとり旅・出張先

相手との距離を縮める「雑談力」をつけよう

相手の話を聞くと「雑談力」がつく

雑談ができると、相手と良好な人間関係を築くことができます。初対面の人はもちろん、苦手なタイプの人と話をしなければならない状況でも気軽に話しかけることで、場の雰囲気が和《なご》やかになり、自分の緊張もほぐれます。

日常生活では自分と同じ趣味嗜好《しこう》の人と話しがちですが、苦手な人や自分と考え方が違う人と、雑談を通して積極的に会話をすることはよい刺激になります。相手の気持ちに目が向き、新しい刺激や発見が得られるでしょう。

雑談力を上げる方法は、「相手の話をきちんと聞くこと」です。会話の途中であいづちを打ったり、表情豊かなリアクションを示してみましょう。次のページでご紹介するフレーズを返せば、必ず話が盛り上がります。

POINT

苦手な人と話をするときに効果的なフレーズ

自慢話を聞かされたとき

➡「すごいですね!」

愚痴を聞かされたとき

➡「○○さんも大変ですね」

対立する意見を押しつけてくるとき

➡「確かに○○かもしれませんね」

意外な考えを聞いたとき

➡「どうしてそう考えるようになったの?」
➡「私には思いつかなかった」

苦手な人とふたりきりになったとき

➡「前から聞きたかったのですが……」

苦手な人とでも、話がどんどん盛り上がっていくと、相手との距離が縮まったことを実感するはずです。

無遠慮な話を受け流す、長話を切り上げたいとき

会話で相手との距離を縮めるのとは反対に、適度な距離を保ちたい場合もあると思います。

たとえば、近い間柄だからこそ、遠慮のない言葉が飛び交う親族・家族の会話。あまり触れられたくない話題を出されたり、お節介を焼かれることも、往々にしてあるでしょう。

「結婚はまだか?」「う〜ん……」「井上さんのところの和子ちゃんは、来年結婚するらしいぞ。おまえ、貯金はしてるのか?」「うん、10万円ほど」「10万円!? それじゃ結婚できないぞ!」「……」

質問に正直に答えたら、さらに不愉快なことを言われてしまった……ということを防ぐためにも、うまく受け流すコツをご紹介しましょう。

こうしたときでも、「放っておいてよ」などと突っぱねるような言い方は避けます。相手にしても、あいさつ程度に聞いているだけということも多いようです。「私もしたいんだけど、なかなかねえ……」など、表面上は同意しているように装《よそお》ってやんわりと受け流すのが、お互いストレスを溜めないコツです。

もしくは、**「じゃあ、おじさんは、奥さんと結婚してどんな点がよかった？ 今でも幸せなことばかり？」**などの逆質問をするのもよい方法です。相手に語らせることで、会話の流れが変わります。

複数の人で会話をしているなら、「明美ちゃんはどう？」など、その場にいるほかの人に話を振るのも手です。

感謝を伝えたいとき

身近な人にこそ、こまめに感謝を伝えよう

人に感謝の気持ちを伝えるのは、簡単そうでいて、なかなか難しいものです。とくに、家族や親しい友人といった身近な人へのお礼は、つい「長年のつき合いだから言わなくてもわかっているだろう」と怠ってしまいがちです。

しかし、「何かをしてもらって当たり前」と考えず、「あなたが私のためにしてくれたことを感謝しています」と、きちんと感謝を伝えることが、末永くいい関係を保つ秘訣でもあります。感謝の言葉を言われていやな気持ちになる人はいません。

次のページから、感謝を伝えるさまざまなフレーズをご紹介するので、ぜひ参考にしてください。

Phrase 1

相手のサポートに対して

「おかげで…（おかげさまで…）」

人から受けた尽力やサポートに対して感謝の気持ちを表すフレーズで、目上の人に対しては「おかげさまで……」とも使います。「あなたのおかげで、うまく行きました」「おかげさまで、とても助かりました」

Phrase 2

目下の人に手伝ってもらったとき

「安心して任せられます」

「安心して任せられる」というのはほめ言葉としても最上級のものです。感謝と一緒に信頼感を表現することで、相手もうれしく感じるでしょう。

Phrase 3

相談に乗ってくれた相手に

「気持ちがスッキリしたよ」

「○○さんに相談に乗ってもらえて、気持ちがスッキリしたよ」のように、相手がしてくれたことの効果・結果を伝えることで、相手からも「相談に乗ってあげてよかった」と喜んでもらえます。

Phrase 4

相手の思いやりに感謝するとき

「普通はそこまで気が回らないものですが…」

相手に何かしてもらったときに使います。「(あなたは普通以上に)よく気が回って素晴らしい!」と、相手をほめつつ、感謝の気持ちを伝えます。

Phrase 5

相手に気を遣ってもらったとき

「いつもお心配りいただき…」

相手に何かしてもらって、感謝していることを丁寧に表現したフレーズです。「いつもお心配りいただきまして、ありがとうございます」「…感謝しております」「…このうえなくうれしく感じております」のように続けます。

Phrase 6

目上の人からほめられたとき

「もったいないお言葉です」

自分にとって過分と思われる目上の人からのほめ言葉に、敬意と感謝の念が伝える謙遜表現です。恐れ多いというニュアンスで使います。「おほめいただきまして、ありがとうございます。私のようなものにはもったいないお言葉です」

Phrase 7

目上の人からほめられたとき

「お礼の言葉もありません」

感謝の度合いが深すぎてうまく言い表せる言葉が見つからない、といった意味の表現です。

Phrase 8

手料理を振る舞われたとき

「料理屋も顔負けですね」

手の込んだ料理をほめたり、プロ並みの料理の味を称賛するときには、「おいしいですね」「すごい料理ですね」といったありきたりなほめ言葉ではなく、ちょっと変わったフレーズを使うと喜んでもらえます。

Phrase 9

食事をお店でごちそうになったとき

「とても充実した時間でした」

こうした表現をすることで、たんに「ごちそうさまでした」と言うだけでなく、相手と過ごした時間を含めて感謝を表現します。

006 相手を励ましたいとき

「ほめる」と「励ます」は表裏一体

最近は日本でも、「ほめて育てる」のが主流になってきています。「ほめる」ことは相手の気分をよくし、さらにその能力を発揮するための動力源にもなるのです。

たとえば、算数が苦手で、いつもテストで0点に近い点数をもらってくる子どもがいたとしましょう。

もしここで母親が、「またこんな悪い点数を取って！　もっと勉強しないといい学校に行けないわよ」と、いつも怒ってばかりだとしましょう。母親からすれば、「怒っているのではなく、励ましているのよ」と言いたいかもしれませんが、果たして子どもは勉強する気を起こすでしょうか？　きっと、やる気をなくしてしまうでしょう。

相手のやる気を高める言い方を

反対に、あるとき子どもが、いつもより少し点数が高い30点の答案を持ってきたとき、こう言ったらどうでしょうか？

「すごい！　2桁になったじゃない。3桁（100点）も夢じゃないね！」と。

この言葉がけは、子どもにとって「苦手な算数でも、少しずつ点数を増やしていくことが楽しみになる」視点を持つきっかけにもなります。

「ほめる」という行為は「励ましによる成長の促し」とも考えられます。つまり、相手の成長を願い、相手のために取る行為なのです。

前述の母親は、「すごい！　2桁になったじゃない」とほめてから、「3桁も夢じゃないわね」とさりげなく励まし、子どものやる気や成長を促しています。

このように、「ほめる」ことと「励ます」こととは、表裏一体の関係にもなるということです。

落ち込んでいる人を励ますときは

もうひとつ、今度は、相手が落ち込んでいて励ましたいときのコツをご紹介しましょう。

ミスやトラブルあるいは病気などで落ち込んでいる人、物事を前向きにとらえる余裕がないときに「頑張れ」と言われると、「これ以上どう頑張ればいいの⁉」と、逆に相手にプレッシャーを与えてしまったり、不快感を与えてしまうこともあります。

そのようなときはまず、相手を見守っていること、つらさを理解しようとする共感の姿勢を見せたうえで、相手の不安を和らげる言い方が大切です。

落ち込んでいる人には不安を和らげる言い方を

たとえば、病気の人をお見舞いするときなら、**「普段と変わらない顔色で安心しました」「お仕事が気にかかると思いますが、どうぞゆっくり休んでください」**など。

頑張っている人に対しては、**「楽にいこうよ」「無理しないで」**といった肩の力が抜けるような言葉もよいかもしれません。

落ち込んでいる人を励ますときは、「こういったらどう感じるのか」相手のことをじっくり考えて言葉をかけるようにしてみてください。

感情的になった相手を落ち着かせたいとき

冷静に話ができる 3つのテクニック

会話中のほんのひと言に反応し、相手が感情的になってしまうことはよくあることです。そんなとき、こちらまでカッとなって言い返すと、ますます話がこじれてしまいます。まず相手の気持ちを落ち着かせ、ほぐすことが先決です。

お互いにクールダウンして、冷静に話をするために効果的な、3つのテクニックをご紹介しましょう。

①間を取る

相手が攻撃的な言い方をしてきても、すぐに答えず間を置きます。10秒くらい頭の中でカウントしながら相手の様子をうかがいます。

激しい言葉を投げかけてきた相手でも、しばらく「間を取る」ことで、気持ちが落ち着いてくるものです。再び話を始めたときにはトーンダウンしているということは、よくあります。間を取ることで、「私が悪かったかな」と自分に目を向けることにもつながります。

② 相手の言葉をくり返す

家族、とくに夫婦間でよく起こりますが、感情的になり、つい言い争ってしまうときがあります。人は感情的になると、自分の言葉でますます感情が激化してしまいがちです。そんなときは、相手の言葉をくり返してみます。

「あなたはいつだって、自分に都合のいいことばかり言うんだから！」
「いつも自分に都合のいいことばかり言っているかな？」
「……。そうじゃないときもあるけど……」

といった具合に、同じ言葉を相手からかけられると、自分が言いすぎていることに気づきます。落ち着いて話をしようという気持ちになるものです。

また、相手の言葉をくり返すことで、相手の気持ちや怒りの理由を聞く姿勢が整います。

③声の調子を変える

相手が感情的になって早口でまくしたて始めたときは、逆に声のトーンを抑え、ゆっくりした口調で対応するのが有効です。こちらも同じ調子で対応すると、火に油を注ぐようなもの。相手を落ち着かせる前に、自分の気持ちを落ち着けることです。

「悲しいから泣くのではなく、泣くから悲しいのだ」という言葉もあるように、感情は行動によって簡単に左右されます。クールダウンさせる方法を身に着けておけば、いざというときも冷静に対処できます。

感情的になった相手に対し、自分も感情的になって言い返してしまうのは、決してよい結果を生みません。まずは心を落ち着かせて、それから、相手がなぜ感情的になっているかに目を向けましょう。

原因が、自分が発した言葉にあるのなら、まずは自らの非を受け入れ、謝ることです。

POINT

会話をクールダウンさせる 3つのポイント

① 間を取る

10秒くらい頭の中でカウントしながら相手の様子をうかがう

② 相手の言葉をくり返す

相手は自分が言いすぎていることに気づき、
自分も相手の気持ちや怒りの理由を聞く姿勢が整う

③ 声の調子を変える

声のトーンを抑え、ゆっくりした口調で返すと気持ちが落ち着く

相手が怒っている理由を聞く

落ち着いたら、相手がなぜ感情的になっているかに目を向け、
怒りの理由を聞くようにする

Make a Relationship Work
008

傷ついたとき・気分を害したとき

苦情を言いたくなったら「目的」を考える

腹の立つことを言われて気分を害したり、不用意な言葉で傷ついたりしたことは、誰でも一度や二度は経験しているのではないでしょうか。

以前、こんなことがありました。雨の日に、バス停でバスが来るのを待っていると、ひとりの女子高校生が列の間に割り込んだのです。

後ろの人は憮然《ぶぜん》としていましたが、文句を言うべきかどうか迷っているようでした。そのとき、後ろのほうに並んでいた年配の男性が、**「お嬢さん、急いでいるの?」**と声をかけたのです。女子高校生は声のほうを振り向き、はっとした顔で「すみません!」と言って、最後尾に並び直しました。傘をさしていたので、人が並んでいるのに気づかなかったようです。

このやりとりを見て私は、人の気持ちを傷つけずに注意をすることの大切さを、あらためて痛感しました。

割り込まれたらむっとして「ちょっと、並んでますよ」と言いたくなりますが、言われた相手も、「知らなかったんだから、そんな言い方しなくてもいいじゃないか」と反発心を感じるかもしれません。

話をするときは、「目的を達成するために」効果的な表現を探しましょう。さきほどのバス停の例だと、目的は「女子高校生が割り込みに気づき、列の後ろに並び直すこと」で、彼女を傷つけることではないはずです。

ならば、相手が傷つかない表現方法を選んだうえで、彼女が列の後ろに並ぶように声をかけるほうが、お互いに不愉快な気持ちにならずに済みます。

傷ついたら、自分に非がなかったか見直してみる

もし反対に、相手に傷つくような言葉をかけられたら、どのようにすればよいのでしょうか。そんなときは、言い返したりせずに、相手の気持ちや考えを聞き

出すことに集中しましょう。相手の言葉の裏には、必ず理由があります。

以前、聞いた話なのですが、あるレストランで、お客さんが料理の味についてクレームをつけていました。そこに厨房《ちゅうぼう》からシェフが飛び出して来て、**「具体的にどういうところがお口に合わなかったのでしょうか。今後の参考にいたしますので、教えてください」**と言い、クレームをじっと聞いていました。

聞き終わると、**「ありがとうございました。次回、ご来店の際には、お口に合う料理をお出しします」**と頭を下げました。最初は不機嫌だったお客さんも、店を出るときには機嫌が直り、「また来るよ」と声をかけていました。

自分に非があれば先に認める。また、会話に齟齬《そご》があっても自分の問題としてとらえ、勉強させてもらったことに感謝する。

そうすることで、その後のコミュニケーションが円滑になり、自分自身の成長にもつながります。

とはいえ、身近な人に傷つくことを言われたら、急には受け入れられないこともあるでしょう。そのようなときは、「今の言葉、ちょっとショックだったな」と正

どうしてそういうことを
言っているんだろう…

相手の発言には理由がある

直に自分の気持ちを伝えるのも、ひとつの方法です。

そのうえで「どうしてそんな風に思うの？」と、相手の発言の理由を聞き出します。相手が感情的になっていたらまずクールダウンしてから（210ページ参照）、話し合いをするほうが効果的です。

もし、自分が傷ついたことを訴えたせいで場の雰囲気が重たくなったら、「ごはんでも食べに行こうか？」など、明るく話題を切り替えましょう。

冠婚葬祭で役立つ話し方

印象的なエピソードを気持ちをこめて

披露宴でのあいさつやスピーチは「うまくしゃべらなければ」などと難しく考えずに、ふたりを祝福する気持ちを素直に表現しましょう。たとえ話し下手であっても、心がこもっていれば感動が伝わります。

とはいえ、大勢の人前でのスピーチは慣れていないとあがってしまうものです。そのようなとき、手紙に自分の気持ちをしたため、それを読む形にするのもひとつの案です。緊張がほぐれ、新郎新婦を見るゆとりができるかもしれません。新郎新婦との思い出やエピソードは、もっとも印象的なものだけに絞ると話がだらけず、最後までしっかりと聞いてもらえます。最後に新郎新婦に手紙を手渡すのも、盛り上がるかもしれません。

一般に祝辞は、①お祝いの言葉を述べる⬇②自己紹介をする⬇③思い出やエピソードを紹介する⬇④結びの言葉で締める、のが手順です。

お祝いの言葉、自己紹介、結びの言葉は、定型句を使えばＯＫです。①では**「新郎新婦ならびにご両家の皆様方、本日は誠におめでとうございます」**と、まずお祝いを述べ、**「本日は、このようなおめでたい席にお招きいただき、ありがとうございます」**とお礼を述べます。

スピーチは、最初と最後をお祝いの言葉で締めることで、全体がすっきりした印象を列席者に与えることができます。とくに、結びのお祝いの言葉は、体操にたとえると〝着地〟にあたります。「つたない話でしたが……」「うまく話せたかわかりませんが……」などといいわけで終わらせず、背筋を伸ばして列席者を見渡し、**「おふたりの幸せを心より願っています」「ご静聴ありがとうございました」**など、しっかりした声で締めくくると、大きな拍手がもらえるでしょう。

通夜・葬儀では、遺族へのいたわりの気持ちを込める

葬儀や通夜で、喪主《もしゅ》や遺族の方にお悔やみの言葉を述べるときは、遺族へのいたわりの気持ちを込め、慎《つつし》み深いあいさつを心がけます。

あいさつのときの声はいつもより小さめで、落ち着いたトーンで述べます。シンプルな言葉で手短に述べるのがよいでしょう。突然の死に嘆き悲しむ遺族の姿を目の当たりにすると、どう声をかけていいかわからなくなります。そんなときは多くを語らず、**「心中、お察しいたします」**とだけ伝えます。

なお、病状や死因などを聞くことは失礼に当たりますし、忌《い》み言葉を使わないこともマナーです。気をつけましょう。

① 不幸があった人に言う定番の挨拶

⬇「このたびは、ご愁傷様《しゅうしょうさま》です」

「このたびは、思いがけないお知らせをいただきました。謹《つつし》んでお悔やみ申し上げます」

「突然のことで、さぞやお力を落とされていることと存じます。心より回復を祈っておりましたのに、本当に残念でなりません」

②花や供物《くもつ》がある場合

↓「どうぞお供《そな》えください」

③遺族に対する配慮を表す

葬儀や通夜にはたくさんの人が訪れ、遺族は悲しむひまもないほど、忙しい時間を過ごします。

↓「お手伝いすることがありましたら、なんなりとお申しつけください」
「私でお役に立てることがあれば、遠慮なくおっしゃってください」

POINT

弔事での忌み言葉

■ 不幸が重なるのを連想させる言葉

次々、たびたび、追って、再び、くり返しなど

■ 音が不吉な印象のある言葉

四(死)、九(苦)

■ 直接的な表現

死ぬ、死亡、生きる、生存など
※「死ぬ」、「死亡」は「ご逝去」、「ご生存中」は「ご生前」、「生きていたころ」は「お元気なころ」と言い直す

贈り物やお土産を手渡すとき

親しい人やお世話になった人に贈り物やお土産の品を手渡す機会は、けっこう多いのではないでしょうか。そんなときに使えるフレーズをご紹介します。

① 一般的な贈り物を手渡すときは

⬇「どうぞお受け取りください」「どうぞお納めください」

② お世話になったことへの感謝をストレートに伝えたいときは

⬇「その節はありがとうございました。これは感謝の気持ちです」

「ほんのお礼の気持ちです」

③ 食べ物を持参したときは、相手の好みを尊重した表現を

⬇「お口に合うかどうかわかりませんが、どうぞお召し上がりください」

日本人特有の言い回しに、「つまらないものですが……」というのがありますが、それよりは、**「ささやかなものですが」**または**「心ばかりのものですが」**のほうがスマートに聞こえます。

お見舞いに来てくれた人に感謝を伝える

病気や怪我で入院した際は、お見舞いに来てくれた人に失礼のないようにあいさつをしましょう。

① 自分のために時間を割《さ》いて見舞いに来てくれたことへの感謝を表す

↓「ご丁寧にありがとうございます」「お忙しい中、恐れ入ります」

「お忙しいところ、わざわざありがとうございます」

② 仕事関係者には、仕事を休むことで迷惑をかけていることを詫びる

↓「ご心配をおかけしてすみません」

「忙しい時期に申し訳ありません」

③ 見舞客が帰るときは

↓「今日は〇〇さんに来ていただいて、元気が出てきました」

来てもらってうれしいという気持ちが相手に伝わり、見舞いに行ってよかったと思ってもらえます。

著者紹介

櫻井 弘（さくらい ひろし）

東京都港区生まれ。(株)櫻井弘 話し方研究所 代表取締役社長、(株)話し方研究所顧問。製薬、金融、サービス、IT関連等の民間企業をはじめ、人事院、各省庁、自治大学校、JMAなどの官公庁・各種コミュニケーションに関する研修を手がけ、研修先は1000以上に及ぶ。近著に『誰と会っても会話に困らない 雑談力サクッとノート』(永岡書店)、『事例で学ぶ公務員のための交渉術』(ぎょうせい)、『相手の心をグッとつかむ話し方』(三笠書房)など多数。

人を魅了し 動かす 聞く力・話す力

2014年11月30日　第1刷発行

著　者　櫻井　弘
発行者　中村　誠
印刷所　玉井美術印刷株式会社
製本所　株式会社越後堂製本
発行所　株式会社日本文芸社
〒101-8407　東京都千代田区神田神保町1-7
TEL.03-3294-8931(営業)、03-3294-8920(編集)
URL　http://www.nihonbungeisha.co.jp/

ISBN978-4-537-26092-2
112141128-112141128Ⓝ01
編集担当・坂